Erfolgreich lernen – Superlearning

humboldt
Ratgeber

In der gleichen Reihe:

Psychoanalyse	ht 168
So lernt man leichter!	ht 191
Spaß mit Tests	ht 195
Teste Deine Intelligenz	ht 225
Traumbuch	ht 226
Taschenbuch der Psychologie	ht 238
PSI – Rätselhafte Kräfte des Menschen	ht 244
Handschriften deuten	ht 274
Angst erkennen – Angst überwinden	ht 276
Erkenne dich – erkenne andere!	ht 283
Astrologie	ht 284
Gedächtnis-Training	ht 313
Autogenes Training – Schritt für Schritt	ht 336
Wörterbuch der Psychologie	ht 416
Entspannungs-Training	ht 430
Schluß mit dem Streß!	ht 452
Eignungstests erfolgreich bestehen	ht 463
Selbsthilfe durch Autogenes Training	ht 466
Die Kunst, aus der Hand zu lesen	ht 483
Wörterbuch der Philosophie	ht 485
Autogenes Training und Meditation	ht 510
Trimm dich geistig fit!	ht 520
Prüfe Deine Menschenkenntnis	ht 531
Eignungs- und Persönlichkeitstests	ht 548
Erfolgsgeheimnis Selbsthypnose	ht 571

Weitere Titel in Vorbereitung

Erfolgreich lernen – Superlearning

Von Günther Beyer

humboldt

humboldt-taschenbuch 491

Umschlaggestaltung: Christa Manner, München
Umschlagfoto: ART REFERENCE GmbH, Frankfurt/M., Fotograf Noeller

Druck: Presse-Druck Augsburg
Printed in Germany
ISBN 3-581-66491-7

4 * 88

Inhalt

Einleitung

Der Titel dieses Buches, »Erfolgreich lernen – Superlearning«, ist ein Überbegriff für ein Optimum an verschiedenen Lernmethoden. Damit ist es ein Buch, das alle nur erdenklichen Methoden des besseren Lernens in konkreten praxisnahen Übungen zusammenfaßt. Jedes Kapitel ist in drei Abschnitte eingeteilt, A = Überblick, B = theoretischer Hintergrund, C = Übungen und Anwendungen in der Praxis. Der Überblick A schildert in knappen Worten das Wesentliche des entsprechenden Kapitels, so daß Sie bereits einen Einblick haben über Ziel und Erfolg, Zeitaufwand, Material und besondere Bedingungen der Methoden, die in diesem Kapitel vorkommen. Im theoretischen Hintergrund geht es in einfachen und einleuchtenden Modellen um das Verständnis dessen, was hinter den einzelnen Methoden steckt. Dieser Teil B ist zwar nicht Voraussetzung für das Gelingen der praktischen Übungen in dem jeweiligen Kapitel, hilft aber dabei sehr.

In Teil C des jeweiligen Kapitels werden die praktischen Übungen vorgestellt, und zwar so, daß sie jeder ohne große Mühe nachvollziehen kann. Das Ziel dieses Buches ist es, sowohl das Lernen als auch das Arbeiten wesentlich zu erleichtern. Und damit wurde dieses Buch sowohl für das schulische Lernen als auch für den Berufstätigen in seiner täglichen konzentrierten Arbeit konzipiert. Im jeweiligen Kapitel ist darüber hinaus genau angegeben, welche Übung für welche Altersgruppe am besten geeignet ist.

Am Ende des Buches finden Sie in einer Tabelle eine Gegenüberstellung aller im Buch behandelten Methoden, damit Sie sich gezielt für die eine oder andere Methode entscheiden können.

Die Erfahrungen zu diesem Buch resultieren aus einer zehnjährigen Seminarpraxis mit über 2000 Seminaren sowohl in der Industrie mit Managern als auch mit Schülern in Deutschland, Österreich und in der Schweiz mit insgesamt über 30000 Seminarteilnehmern.

1. Lernen im Schlaf

A Überblick

Lob und Kritik

In den sechziger Jahren war *Lernen im Schlaf* eine äußerst spektakuläre Lernmethode, die in den USA entwickelt worden war.
Zeitungsartikel waren voll des Lobes und berichteten über Schauspieler, die damit innerhalb weniger Tage buchdicke Rollentexte auswendig lernten, oder über den CIA, dessen Agenten innerhalb von ein bis zwei Wochen Chinesisch fließend sprechen lernten.
Wissenschaftliche Untersuchungen in der Diplomarbeit einer amerikanischen Psychologin schienen nämlich zu beweisen, daß am *Lernen im Schlaf* etwas dran war, ja, daß sogar die kühnsten Träume mit dieser Methode übertroffen werden konnten. Die Untersuchungen in dieser Diplomarbeit, die später allerdings nicht als wissenschaftlich anerkannt wurden, lösten wie so oft eine Reaktion von Herstellerfirmen aus, die daraufhin Schaltuhren und Endlosbänder auf den Markt brachten, die für das *Lernen im Schlaf* Voraussetzung sind.
Nachdem nun die erste Euphorie vorüber war, kam Ende der sechziger Jahre die Gegenbewegung auf. Hier wurde wiederum in wissenschaftlichen Untersuchungen (zum Teil in der Schweiz) dargestellt, daß *Lernen im Schlaf* untauglich sei, Wissensstoff während des Schlafes dem menschlichen Gedächtnis einzugeben. Daraufhin wurde es still um diese Methode.
Erst in den letzten Jahren wird das *Lernen im Schlaf* wieder populär, und viele Menschen, Schüler und Berufstätige, erleichtern sich hiermit das Lernen.
Was aber ist nun am *Lernen im Schlaf* dran, was kann es, und wie funktioniert diese Methode? Darüber wollen wir in diesem Kapitel sprechen, und zwar sowohl von der Theorie als auch von der Praxis her, so daß Sie in der Lage sein werden, bei Bedarf diese Methode zum eigenen Lernen zu benutzen.

Ziel und Erfolg

Lernen im Schlaf ist eine Methode, mit der man während des Schlafes, genauer gesagt, während der Traumphasen, die jeder Mensch nachts hat, lernt. Das Wissen, z. B. Vokabeln, wird dabei durch ein Tonbandgerät, das von einer Schaltuhr gesteuert wird, vermittelt. Während dieses Lernvorganges schläft der Mensch weiterhin genauso normal, als würde er diese Methode des Lernens nicht benutzen. Das Lernen erfolgt dabei unbewußt, deswegen muß jeder nachts gelernte Stoff anschließend noch einmal tagsüber bewußt gelernt werden, also quasi aufgefrischt werden. Dabei hat man das Gefühl, als hätte man das alles (z. B. die Vokabeln) schon einmal gewußt, aber inzwischen wieder vergessen. Jeder weiß aus Erfahrung, daß durch ein »Auffrischen« das Lernen auf mindestens die Hälfte, manchmal sogar auf ein Drittel der üblichen Lernzeit verkürzt wird. Und das ist auch der Erfolg beim *Lernen im Schlaf:* Das Lernen am Tage wird wesentlich erleichtert. Somit ist sowohl die Euphorie der sechziger Jahre (»in ein bis zwei Wochen fließend chinesisch«) als auch die Gegenbewegung Ende der sechziger Jahre (»*Lernen im Schlaf* taugt nichts«) falsch: *Lernen im Schlaf* liegt in der Mitte dieser beiden Extreme. Allerdings muß man natürlich bestimmte Regeln beachten und Bedingungen erfüllen, die aber in diesem Kapitel genau geschildert und besprochen werden.

Zeitaufwand

Da *Lernen im Schlaf* während der Nacht stattfindet, wo Sie sowieso schlafen, ist kein Zeitaufwand nötig, denn in der Zeit, während Sie nachts lernen, tritt keine Verminderung der Schlafqualität auf, so daß auch diese Zeit weder durch längeres Schlafen noch durch eine verminderte Konzentration tagsüber verlorengeht. Sie müssen lediglich auf ein Spezialtonband, ein sogenanntes Endlosband, das Wissen aufsprechen bzw. überspielen, das Sie mehrere Nächte lang abspielen lassen wollen.

Material

Sie benötigen für diese Lernmethode eine Schaltuhr, die das Tonbandgerät in der Nacht zur gewünschten Zeit einschaltet. Das Spezialband, von dem ich bereits sprach, ist ein Endlosband, das sich, als Endlosschleife zusammengeklebt, alle 6 Minuten von alleine wiederholt, ohne daß das Tonbandgerät umschalten muß. Für Kassettenrecorder gibt es in ähnlicher Art sogenannte Endloskassetten. Vorteilhaft, aber nicht unbedingt erforderlich, ist es noch, wenn ein Zweitlautsprecher vorhanden ist, den man an den Kassettenrecorder anschließen kann. Alle diese Geräte und Bänder bekommen Sie entweder im Elektro- oder Rundfunkfachhandel. Die Preise für Schaltuhren liegen zwischen 70,– und 100,– DM, je nachdem, wie exakt Sie hiermit die Zeit einstellen können und in welchen Zeitabständen Sie eine Schaltmöglichkeit haben wollen.

Die Endloskassetten kosten ca. 15,– DM, die Endlosbänder ca. 25,– DM. Die optimale Laufzeit ist hier 6 Minuten. Sollten Sie Schwierigkeiten haben, die einzelnen Materialien zu bekommen, dann wenden Sie sich bitte an den Autor des Buches – unter der Adresse: ICL, Günther Beyer, Giselbertstraße 5, 5060 Bergisch Gladbach 1.

Besondere Bemerkungen

Die Methode *Lernen im Schlaf* ist sowohl für Schüler als auch für Berufstätige geeignet. Eine Ausnahme machen hier Schüler unter 15 Jahren. Für sie ist *Lernen im Schlaf* zwar auch möglich, sollte aber noch nicht praktiziert werden, da bis zum 15. Lebensjahr die Traumphasen noch sehr wichtig sind, um alle Alltagserlebnisse zu verarbeiten. Das tun die Traumphasen zwar auch noch nach dem 15. Lebensjahr – und auch noch dann, wenn Sie 30 oder 50 Jahre alt sind, aber nicht mehr so intensiv wie in den jüngeren Jahren. Die Grenze von 15 Jahren ist deshalb als eine Art Sicherheitsgrenze zu sehen, um unnötige zusätzliche Belastungen zu vermeiden. Ansonsten stellt *Lernen im Schlaf* für den einzelnen Menschen praktisch keine Belastung dar, es wird nur ein neurophysiologischer Ablauf, der schon immer da war, gezielt ausgenutzt. Aber mehr hierzu im Abschnitt B, theoretischer Hintergrund.

B Theoretischer Hintergrund

Der schon erwähnte theoretische Hintergrund wird im ersten Kapitel der umfangreichste sein, weil er auch gleichzeitig die Basis für alle weiteren Kapitel wie *Superlearning* oder *Superschlaf* bildet. In den weiteren Kapiteln wird dann die Theorie jeweils so weit ergänzt, wie es für das Verständnis der einzelnen Methoden wichtig ist. Wen aber nur die Praxis interessiert, der kann den jeweiligen theoretischen Teil überspringen. Dadurch bleiben die einzelnen Methoden in ihrem Erfolg genauso effektiv wie mit der Theorie, lediglich fehlt das Verständnis der gehirnphysiologischen Abläufe, die aber zum Teil sehr interessant sind.

Schlaf- und Traumphasen

Jeder Mensch besitzt zwei sogenannte Wachphasen und drei Schlafphasen. Die beiden Wachphasen werden »Phase der Hellwachheit« oder auch »Betaphase« und »Entspannungsphase« oder auch »Alphaphase« genannt.
Die drei Schlafphasen werden bezeichnet: »Traumphase« oder »REM-Phase«, »Thetaphase« und »Deltaphase«. Hierbei sind die »REM-Phase« der leichteste Schlaf, die »Thetaphase« der mittlere Schlaf und die »Del-

taphase« der tiefste Schlaf. Ist der Mensch wach, dann pendelt er ständig zwischen Beta- und Alphaphase hin und her, je nachdem, ob er z. B. gerade konzentriert arbeitet oder abschaltet und zum Fenster hinausschaut. In der Nacht pendelt der Schlaf des Menschen ständig zwischen REM-, Theta- und Deltaphase hin und her, festgelegt nach einem ganz bestimmten Programm, das nur durch besondere Ereignisse verändert werden kann.
Um diese Phasen in ihren Funktionen und Abläufen genau zu verstehen, müssen wir uns erst einmal mit dem menschlichen Gehirn und seinen Funktionen in groben Zügen beschäftigen. (An dieser Stelle sei übrigens gesagt, daß wir in den meisten Fällen die theoretischen Modelle etwas vereinfachen, um die Hintergründe der einzelnen Lernmethoden nicht unnötig zu komplizieren. Dennoch sind diese Modelle nicht falsch, sondern allenfalls unvollständig.)

Das menschliche Gehirn

Bitte schauen Sie sich einmal die folgende Zeichnung des menschlichen Gehirns an. Es handelt sich hier um einen sogenannten Längsschnitt, in der Physiologie Sagittalschnitt genannt. Warum dies ein Längsschnitt ist, wird schnell klar, wenn man sich verdeutlicht, daß hier das Gehirn längs vom Scheitel in Richtung Hals geschnitten ist. Um das Ganze noch etwas zu verdeutlichen, habe ich um dieses Gehirn herum noch die etwaigen Konturen des Kopfes gezeichnet.
Man sieht jetzt schon bei diesem einfachen Modell, daß das Gehirn aus einer Vielzahl von verschiedenen Funktionsbereichen besteht – und nicht etwa, wie noch bis zu Beginn des 20. Jahrhunderts angenommen wurde, eine Einheit von vielen Gehirnzellen ist, die nur nebeneinanderliegen wie etwa die Wassertropfen in einem Eimer.
Ich möchte an dieser Stelle die wichtigsten Funktionsbereiche aufzählen, die auch schon einigermaßen von Naturwissenschaftlern durchforscht sind.
Direkt unter der Schädeldecke sitzt das Großhirn, das aus der Großhirnrinde und dem sogenannten Balken besteht. Die Großhirnrinde selbst besteht ausschließlich aus Gehirnzellen, den sogenannten grauen Zellen. Der Balken unter der Großhirnrinde ist ein dickes Faserbündel. Das sind Leitungen, durch die die Gehirnzellen der Großhirnrinde miteinander verbunden sind. Dabei ist die Gesamtgroßhirnrinde in die linke und rechte Gehirnhälfte aufgeteilt. Dieser Bereich des Großhirns mit seinen ca. 15 Milliarden Gehirnzellen ist der Teil des Gehirns, der beim Menschen am höchsten entwickelt ist. Hier sitzen, wenn man einen solchen neurophysiologischen (neurophysiologisch = Aufbau und Funktion der Gehirn- und Nervenzellen) Vergleich ziehen will, das Bewußtsein und das Unbewußtsein des Menschen (früher »Unterbewußtsein« genannt).

Hier sitzen auch der Wille, der Verstand, die Logik und vieles mehr, was den denkenden Menschen vom Tier unterscheidet. Auch die Motorik sitzt hier, die aber für unser Buch nicht wichtig ist.
Die tieferliegenden Teile Thalamus und Hypothalamus bilden das Zwischenhirn. Von hier aus, speziell vom Hypothalamus, werden alle vegetativen Prozesse wie z. B. Hunger, Durst, Schwitzen, Frieren, Fluchtverhalten, Aggression, Stoffwechsel, Körpertemperatur und vieles andere gesteuert. Der Thalamus selbst unterstützt das Großhirn in bestimmten Prozessen, in dem er z. B. Einzelbilder der Großhirnrinde zu bewußten Gesamtbildern zusammensetzt. Damit greift das Zwischenhirn noch etwas in den Ablauf des Bewußtseins und Unbewußtseins mit ein.
Und noch darunter liegt der Hirnstamm, der aus Mittelhirn, Reticularis,

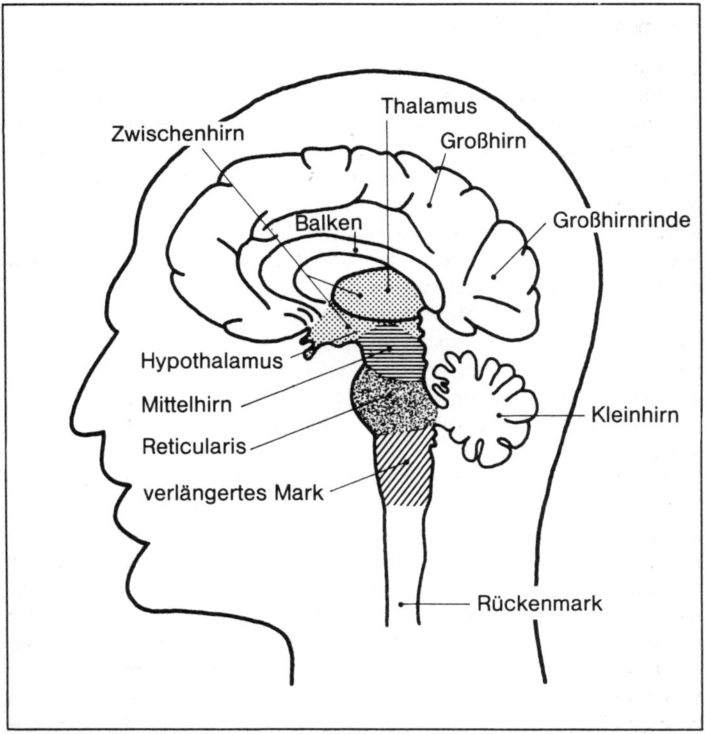

Das menschliche Gehirn, vereinfacht dargestellt

verlängertem Mark und Rückenmark besteht. Es genügt, wenn Sie wissen, daß alle Informationen, die vom Körper zum Gehirn und vom Gehirn zum Körper geschickt werden, durch diesen Hirnstamm hindurchmüssen und dort in besonderer Weise verändert werden. So wird z. B. während einer jeden Traumphase die Verbindung zwischen dem Gehirn und den wichtigsten Bewegungsmuskeln unterbrochen, damit der Mensch nicht das körperlich ausführt, was er gerade träumt. Oft genug träumen Sie davon, daß Sie fliegen könnten (was nichts anderes ist als ein Loslösen vom Gesellschafts- und Leistungsdruck).
Wäre die Verbindung zwischen Gehirn und Muskeln während des Traumes vorhanden, dann würden Ihre Muskeln auf dieses Phantasieprodukt reagieren, und Sie würden nachts, ohne aufzuwachen, ans Fenster gehen und in dem vermeintlichen Glauben, fliegen zu können, herausspringen. Die Unterbrechung zu Ihren Muskeln während des Traums ist demnach einer von vielen lebenswichtigen Mechanismen, die den Organismus vor dem sicheren Tod bewahren. Und diese Unterbrechung geschieht während des Traumes in einem Teil der Reticularis, der sich »Brückenhirn« nennt.
Ein weiterer wichtiger Schutz für den Organismus sind das verlängerte Mark und das Rückenmark. Hier sind alle Reflexe des Menschen untergebracht, ohne die er ebenfalls nicht lebensfähig wäre.
Soweit zwei Beispiele für die äußerst wichtigen Funktionen des Gehirnstamms. In diesem Buch wird es immer um Lernmethoden gehen, die sich bestimmte Abläufe im Großhirn und Stammhirn zunutze machen.
Soweit also ein grober Überblick über das menschliche Gehirn, das gar nicht viel anders aufgebaut ist als das von Tieren. Vor allem ist es die Großhirnrinde, die den Menschen auszeichnet.
Dieser Überblick soll Ihnen die groben Zusammenhänge vermitteln, damit Sie die Hintergründe der verschiedenen Lernmethoden besser verstehen, denn was man besser versteht, das akzeptiert man auch leichter und behält es besser im Gedächtnis.

Die wichtigen Gehirnströme

Es gibt Meßgeräte, mit denen man feststellen kann, in welcher Phase sich das Gehirn jeweils befindet; ob der schlafende Mensch gerade träumt oder tief schläft, ob das Gehirn konzentriert arbeitet oder sich im Alphazustand befindet. Diese verschiedenen Phasen sind für uns eine wichtige Erklärung, warum gerade die eine oder andere Lernmethode wirksam ist.
Das wichtigste technische Hilfsmittel, um die verschiedenen Schlaf- und Wachphasen zu kontrollieren und weiter zu erforschen, ist das sogenannte EEG. Diese drei Buchstaben sind die Abkürzung von Elektroenzephalograph. Das ist eine Art Verstärker, der elektrische Gehirn-

ströme ableitet und auf Papier oder Bildschirm aufzeichnen kann. Hierzu muß man wissen, daß das Gehirn sowohl chemisch als auch elektrisch aktiv ist, und ebendiese elektrische Aktivität läßt sich aufzeichnen, und zwar so, daß ein Wissenschaftler daraus ersehen kann, in welchem Zustand sich das Gehirn gerade befindet. Dazu werden auf der Schädeldecke an bestimmten Punkten, wo die Kopfhaare wegrasiert worden sind, Elektroden aufgeklebt. Da ja die Großhirnrinde unmittelbar unter dieser Schädeldecke liegt, ist es möglich, auf diese Weise die elektrischen Ströme und Spannungen abzuleiten, zu verstärken und aufzuzeichnen. (Ohne Verstärkung sind diese Spannungen zu schwach, sie liegen bei einigen Millionstel Volt bis 100 Millivolt).

Zum ersten Mal ist so etwas durch den berühmten Psychiater Hans Berger am 6. 7. 1924 an einer siebzehnjährigen Patientin gelungen. Seitdem hat sich das EEG wesentlich weiterentwickelt, und inzwischen ist man schon so weit, daß man zwischen den zwei erwähnten Wach- und den drei Schlafphasen von der Art und Weise der elektrischen Aktivität her unterscheiden kann.

Um Irrtümern vorzubeugen, die in meinen Seminaren immer wieder vorkommen, sei an dieser Stelle noch kurz erwähnt, daß man das EEG nicht mit einem ECoG verwechseln darf. Bei einem ECoG (Elektrocorticogramm) werden durch die Schädeldecke hindurch Elektroden in die Großhirnrinde eingeführt, um von dort direkt Ströme und Spannungen abzunehmen. Oft schickt man hier auch kleine Stromstöße in bestimmte Gehirnzellen. Dabei zeigt dann die Versuchsperson eine bestimmte Reaktion, z. B. hebt sie den Arm oder sie hört ein vermeintliches Geräusch. Von diesem Verhalten her zieht man dann Rückschlüsse auf die Funktion dieser aktivierten Gehirnzellen. Auch das dient natürlich der Gehirnforschung.

Die graphische Darstellung der verschiedenen elektrischen Aktivitäten im menschlichen Gehirn siehe Seite 16.

Wenn der Mensch hellwach ist, dann spricht der Wissenschaftler davon, daß sich das Gehirn im Betazustand befindet. Hierbei ist das Gehirn hoch aktiv, die Spannung, die man feststellen kann, hat eine Frequenz von 15 bis 35 Hertz (Schwingungen pro Sekunde). Es handelt sich hier um ein Frequenzgemisch, in dem die Bandbreite von 15 bis 35 Hertz vorkommt. Wenn Sie sich nun entspannen, also z. B. zum Fenster hinausschauen, etwas dösen oder die Augen schließen, dann erscheint eine Spannung, die größer ist als bei Beta, und deren Frequenz zwischen 8 und 12 Hertz liegt. In diesen beiden Phasen ist der Mensch noch wach, man sagt auch, er befindet sich im Beta- bzw. im Alpharhythmus.
Wenn Sie einschlafen, dann gelangen Sie zuerst einmal in die Traum-

phase oder REM-Zone. REM ist die Abkürzung von *rapid eye movement* (rapide Augenbewegung), also eine Phase, in der sich die Augen sehr schnell hin und her bewegen. Das muß so sein, denn im Traum schauen Sie dem nach, was Sie träumen. Der elektrische Rhythmus liegt wieder bei 15 bis 35 Hertz mit ungefähr der gleichen Spannungsgröße wie bei Beta. Man spricht dabei auch von »paradoxem Schlaf«, weil hier das Gehirn hoch aktiv ist – genauso wie in Beta, der Phase der höchstmöglichen Konzentration des Gehirns.

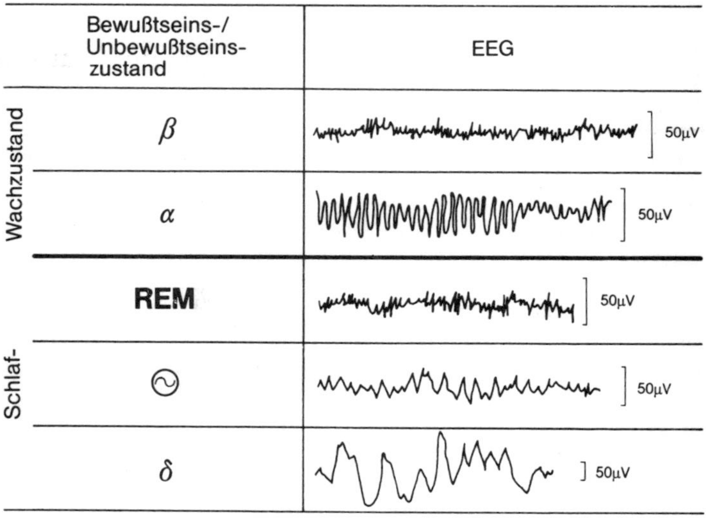

Die zwei Wach- und die drei Schlafphasen (vereinfacht dargestellt)

Darunter liegt als etwas tieferer Schlaf die Thetazone. Hier herrscht eine Frequenz von etwa 4 bis 7 Hertz mit einer noch größeren Spannungsamplitude vor. Diese Zone dient der Organkontrolle, und hier drehen Sie sich nachts, ohne aufzuwachen, von der einen Seite zur anderen, damit Sie sich nicht zu lange bei bestimmten Schlafstellungen Blutadern abdrücken. Die letzte Phase, die Deltazone, ist bis jetzt am wenigsten erforscht. Man weiß aber z. B., daß hier Wachstumsvorgänge ablaufen und auch Organe durch Zellaustausch aktiviert, sozusagen generalüberholt werden. Diese Phase ist gleichzeitig der tiefste Schlaf.
Von den fünf genannten Phasen lassen sich drei zum Lernen verwen-

den. Zuerst einmal natürlich die Betazone. Dann die Alphazone, die uns sowohl beim *Superlearning* als auch bei *Selbstmotivationen* und *Alphatraining* interessieren wird.
In diesem Kapitel aber geht es in erster Linie um die REM-Phase. Sie ist die einzige Schlafphase, die zum Lernen ausgenutzt werden kann.
Es sind übrigens mit einem EEG noch weitere Frequenzen festgestellt worden, die bis 1000 Hertz gehen. Diese Wellen heißen Gammawellen. Es steht bislang noch nicht fest, ob und wie sie für ein leichteres Lernen ausgenutzt werden können.
Ebenso werden Schlafphasen auch noch dadurch kontrolliert, daß man die Art und Anzahl der Augenbewegungen beim Schlafen mißt (Elektrookulogramm, EOG), und weitere Möglichkeiten bestehen noch durch ein EKG und ein EMG. Auf das EMG (Elektromyogramm = Messung der Muskelspannungen) werden wir in dem Kapitel *Superschlaf* noch zu sprechen kommen.
Warum kann man nun in der REM-Phase lernen? Diese Phase sollte doch eigentlich zum Schlafen da sein, oder ist der Schlaf u. a. auch dazu da, um zu lernen, z. B. aus dem zu lernen, was am Vortage geschehen ist? So scheint es nach heutigen Auffassungen tatsächlich zu sein! Man nimmt an, daß das Gehirn die Traumphase benutzt, um Probleme zu bewältigen, sie zu verarbeiten und daraus zu lernen. So weiß man z. B., daß Kinder im Alter von 3 bis 5 Jahren ca. 50 Prozent der Nacht nur Traumphasen haben, während Dreißigjährige nur noch ca. 25 Prozent des Gesamtschlafes träumen. Es ist ja so, daß Kleinkinder von der Lebensbewältigung her noch wesentlich mehr zu verarbeiten und zu lernen haben als Erwachsene und dementsprechend mehr träumen. Jetzt wird auch klar, warum man frühestens mit dem 15. Lebensjahr mit *Lernen im Schlaf* beginnen sollte.

Die Traumphasen haben drei Funktionen:

1. Sie verarbeiten Erlebnisse vom Vortage und auch noch von Tagen und Wochen vorher. Hierbei wird nach Wichtigkeit geordnet. Je kürzer ein Erlebnis zurückliegt, um so mehr wird es für das Verarbeiten vorgezogen. Aber auch dann wird ein Erlebnis um so mehr vorgezogen, je intensiver es auf die Seele des betreffenden Menschen eingewirkt hat. Aber: Die wenigsten Erlebnisse vom Vortage werden überhaupt nachts im Traum verarbeitet, weil der Organismus auf den Rest kaum reagiert hat. Es kann aber genausogut vorkommen, daß ein Erlebnis von vor drei Tagen mehrere Nächte lang verarbeitet wird, weil das Gehirn es entsprechend stark aufgenommen hat.

2. Wünsche und Wunschvorstellungen des betreffenden Menschen werden ebenfalls nachts verarbeitet. Sie sind aber letztlich nichts anderes als Resultate von mehr oder weniger unterschwelligen Erlebnissen.

3. Es werden ebenfalls Dinge verarbeitet, die in dem Moment passieren, wo der Mensch träumt. Z. B. fährt ein Auto vorbei, und man träumt, daß man Auto fährt. Oder jeder hat schon einmal erlebt, daß er noch schnell das Klingeln des Weckers mit in seinen Traum hinein verarbeitet. Aber auch hier hat alles seine Ordnung. Wenn in einem Traum gerade wichtige Dinge vom Vortag verarbeitet werden, dann werden solche Geräusche von außen abgeblockt, d.h., sie werden gar nicht erst hineingelassen und mitverarbeitet, weil im Moment anderes Vorrang hat. Wenn man das weiß, dann beantwortet sich die oft gestellte Frage, ob denn *Lernen im Schlaf* nicht den ursprünglichen Zweck des Traumes stört, von alleine. Immer in dem Moment, wo in der Traumphase anderes Priorität hat, werden z.B. die Vokabeln bei *Lernen im Schlaf* gar nicht erst hereingelassen und somit auch nicht verarbeitet.

Die Schlafphase

Wie ich schon erwähnt habe, besteht nur ein Teil des Schlafes aus Traumphasen. Diese Traumphasen wechseln nachts ständig mit der Theta- und Deltaphase ab. In der nebenstehenden Graphik können Sie sehen, wie dieser Wechsel aussieht.

Wenn Sie einschlafen, dann sinken Sie naturgemäß von Beta, wo Sie sich ja im Wachzustand befinden, in Alpha hinein – und von dort aus nach REM. In diesem Moment sind Sie eingeschlafen. In dieser ersten REM-Phase verweilen Sie ca. 4 bis 5 Minuten, während Sie immer tiefer sinken, bis Sie nach Theta überwechseln. (Diese erste kurze Strecke in REM wird noch eine wichtige Voraussetzung für den *Superschlaf* sein.) Von Theta aus sinken Sie noch tiefer in den Schlaf bis Delta. Dieser Deltazustand ist ja der tiefste Schlaf, den Sie erreichen können.

Nach kurzer Zeit (etwa 45 Minuten) verlassen Sie dadurch, daß Ihr Schlaf wieder leichter wird, den Deltabereich und steigen durch den Thetabereich bis nach REM, sinken dann wieder ab bis nach Delta, steigen von dort wieder auf nach REM und immer so fort, bis Sie aufwachen. Dabei dauert eine Periode (also von REM zu REM bzw. von Delta zu Delta) ziemlich genau 90 Minuten. Eine Abweichung gibt es lediglich dadurch, daß Sie von außen her geweckt werden und erneut einschlafen, also in Ihrem Rhythmus von vorne anfangen. Ebenfalls verzerren Drogen, Schlafmittel und Alkohol den natürlichen Schlafrhythmus. Wie Sie in der Graphik sehen können, wandert die Kurve mit jeder weiteren Periode immer weiter nach oben in Richtung Alpha und Beta, so daß irgendwann einmal die Spitze einer Traumphase nach Alpha und Beta herausragt. Sie wachen also immer während einer Traumphase auf, vorausgesetzt, Sie werden nicht von außen geweckt.

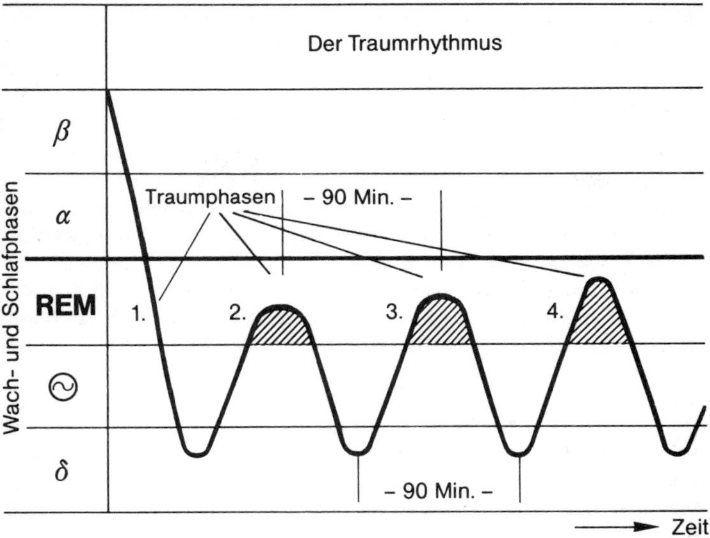

Die nächtlichen Traumphasen

Die erste Traumphase ist, wie schon erwähnt, ca. 4 bis 5 Minuten lang, die zweite Traumphase ca. 13 Minuten, die dritte ca. 16 Minuten, die vierte ca. 19 Minuten usw. Sie können demnach zu jeder weiteren Phase ab der zweiten gute 3 Minuten hinzuzählen. Wenn Sie 7 ½ Stunden schlafen, dann werden Sie in der sechsten Traumphase, die etwa 25 Minuten dauert, aufwachen.

Das können Sie in unserer Graphik leicht nachrechnen, denn nach Eintritt in die erste kurze Traumphase von ca. 4 bis 5 Minuten werden Sie sich immer jeweils nach weiteren 90 Minuten in der Mitte der folgenden Traumphase befinden, und dieser Rhythmus stimmt praktisch auf die Minute genau. Es sei denn, wie schon erwähnt, Ihr Schlaf wird durch äußere Einflüsse gestört.

Soweit die Theorie zur Lernmethode *Lernen im Schlaf*. Diese ganzen Abläufe sind überwiegend in Ihrer Großhirnrinde zu finden, wobei bestimmte Bereiche des Stammhirns auch einigen Einfluß ausüben.
Bitte schauen Sie sich noch einmal die Graphik Ihres Schlafrhythmus an, sie wird Ihnen helfen, wenn Sie sich jetzt im Abschnitt C mit der praktischen Anwendung befassen.

C Übungen und Anwendungen in der Praxis

Was lernen Sie mit dieser Methode?

Dieser Teil des Kapitels soll Sie in die Lage versetzen, *Lernen im Schlaf* mit gutem Erfolg ohne Komplikationen anzuwenden.
Dazu werden Sie einige im Überblick schon beschriebene Geräte brauchen und mehrere Tage Zeit, in denen Sie aus Fehlern lernen werden, diese Methode perfekt einzusetzen.
Was Sie sehr gut mit *Lernen im Schlaf* speichern können, das ist die Aussprache bei Fremdsprachen, unabhängig davon, um welche Fremdsprache es geht. Ich hatte bereits erwähnt, daß *Lernen im Schlaf* ein Lernen im Unbewußtsein ist und Sie nicht umhinkönnen, das Wissen, das Sie nachts gelernt haben, noch einmal durch bewußtes Lernen ins Bewußtsein zu rufen. Beim Lernen der Aussprache entfällt dieses bewußte nachträgliche Lernen, denn die Art und Weise, wie Sie in einer Fremdsprache sprechen (einschließlich der Intonation) ist nichts anderes als eine unbewußte Steuerung Ihres Sprachzentrums. Und die soll es auch bleiben!
Bewußtsein würde hier nur stören. Ganz anders bei der Aufnahme von Wissen. Hier holen Sie nach einigen Nächten das im Unbewußtsein gespeicherte Wissen (z. B. Vokabeln, Formeln, Gedichte, Inhalte von Vorträgen usw., also grundsätzlich jede Art von Wissen, das Sie auf ein Tonband aufspielen können) durch nachträgliches, aber stark verkürztes, bewußtes Lernen ins Bewußtsein zurück – und sparen dadurch viel Zeit.

Die technischen Voraussetzungen

Sie können jeden normalen Kassettenrecorder benutzen, am besten nehmen Sie einen kleinen transportablen, den Sie in Ihr Schlafzimmer stellen. Genausogut können Sie auch ein Tonbandgerät benutzen, das aber heutzutage die wenigsten noch haben werden.
Für diesen Kassettenrecorder benötigen Sie eine Spezialkassette, eine sogenannte Endloskassette. Für ein Tonbandgerät brauchen Sie ein Endlosband. Der Einfachheit halber beschränke ich mich hier auf die Beschreibung eines Kassettenrecorders, für ein Tonbandgerät gilt entsprechend das gleiche.
Auf diese Endloskassette überspielen Sie die Vokabeln oder anderes Wissen, was Sie gern lernen möchten. Dabei müssen Sie wissen, daß eine solche Endloskassette eine Spieldauer von 6 Minuten hat. Weder der Anfang noch das Ende der Kassette ist irgendwie sichtbar oder markiert. Deshalb beginnen Sie mit dem Überspielen an irgendeiner

Stelle im Band und lassen dabei Ihre Armbanduhr laufen. Nach ca. 5½ Minuten stoppen Sie das Band und drücken auf Wiedergabe. Nach weiteren ca. 30 Sekunden werden Sie dann automatisch wieder den Anfang des Textes hören, den Sie aufgesprochen haben, denn eine Endloskassette ist nichts anderes als ein kompliziert aufgewickeltes Tonband, bei dem Anfang und Ende als Endlosschleife zusammengeklebt sind.
An den Kassettenrecorder wird eine Schaltuhr angeschlossen, d. h., diese Schaltuhr selber besitzt eine Steckdose, in die Sie den Stromstecker Ihres Kassettenrecorders einstecken. Dabei ist die Recordertaste auf Wiedergabe gedrückt und damit betriebsbereit. Ob der Recorder nun läuft oder nicht, hängt jetzt nur noch davon ab, ob die Schaltuhr in der Steckdose den Strom sperrt oder nicht. (Aber: Achtung, es gibt Kassettenrecorder, die bei Stromausfall auch mechanisch auf Nullstellung zurückschalten. Solche Recorder sind nicht geeignet!) Und ob sie das tut und wann sie das tut, das können Sie nach Belieben in diese Uhr einprogrammieren. Dabei verhält sich der Recorder so, als wenn Sie seinen Stecker in eine normale Stromsteckdose einstecken und nach Bedarf herausziehen. Es wird immer einige Sekunden dauern, bis der Recorder seine volle Laufgeschwindigkeit erreicht hat bzw. wieder stillsteht.

So stellen Sie die Schaltuhr ein

Es gibt verschiedene Schaltuhren zu verschiedenen Preisen. Diese Uhren sind nicht so zu verstehen, daß Sie dort jede gewünschte Uhrzeit einstellen können. Sie können lediglich alle 20 Minuten eine Schaltmöglichkeit eingeben. Dazu ein Beispiel: Mögliche Schaltzeiten sind 21.00 Uhr / 21.20 Uhr / 21.40 Uhr / 22.00 Uhr / 22.20 Uhr / 22.40 Uhr usw., bis Sie nach 24 Stunden wieder bei 21.00 Uhr angelangt sind. Als letzte Zeit läßt sich 20.40 Uhr eingeben, dann beginnen Sie wieder bei 21.00 Uhr in der gleichen Art.
Die Preise dieser Schaltuhren liegen zwischen 70,– und 100,– DM. Technisch gibt es hier keinen Unterschied, nur sind die teueren Schaltuhren leichter zu bedienen, man kann sie auch als Tisch- oder Schrankuhr hinstellen, denn sie haben einen festen Stand und sehen etwas besser aus als die einfachen Uhren. Die einfachen Uhren erinnern etwas mehr an eine quadratische Aufputzsteckdose mit Zifferblatt. Im übrigen genügt, wie Sie noch sehen werden, die 20-Minuten-Einstellung vollkommen für *Lernen im Schlaf*.
Nehmen wir den konkreten Fall, daß Sie heute nacht Vokabeln lernen wollen. Nehmen wir weiter an, diese Vokabeln sind bereits auf die Endloskassette aufgespielt. Dann müssen Sie ja die Schaltuhr so einstellen, daß sie sich in dieser Nacht zur richtigen Zeit einschaltet. Dazu gibt es zwei Möglichkeiten.

1. Möglichkeit: Sie stellen die Schaltuhr so ein, daß sie sich immer exakt in den Traumphasen einschaltet und sich für die restliche Zeit ausschaltet. Dieses Verfahren ist das kompliziertere, und zwar aus folgenden Gründen:
Nehmen wir dazu an, Sie gehen um 23.00 Uhr schlafen. Dann stellen Sie die Uhr so ein, daß sie mit Beginn der zweiten Traumphase den Recorder einschaltet. Die erste Traumphase wird übersprungen, denn sie ist einmal zu kurz, um sinnvoll ausgenutzt zu werden, und zum anderen ist sie als erste Traumphase diejenige, die die meisten Informationen vom Vortage zu verarbeiten hat, und ich habe ja bereits das Prioritätensystem erwähnt, wonach das Verarbeiten von Erlebnissen den Vorrang hat vor Informationen, die parallel zur Traumphase entstehen. Die erste Traumphase wird also in den meisten Fällen kaum etwas von Ihrer Kassette annehmen, zumindest spürbar weniger als die noch folgenden Traumphasen. Auch die nächsten Traumphasen nehmen nicht alles von Ihrer Kassette, aber immerhin von Phase zu Phase mehr, und außerdem sind sie länger. Hier also lohnt sich *Lernen im Schlaf* auf jeden Fall.
Wenn Sie nach unserer Graphik berechnen, daß 90 Minuten nach dem Einschlafen der Höhepunkt der zweiten Traumphase erreicht ist, und wenn Sie darüber hinaus wissen, daß diese Traumphase ca. 13 Minuten lang ist, dann können Sie ausrechnen, daß diese Traumphase 90 Minuten minus 6 ½ Minuten = 83 ½ Minuten nach dem Einschlafen beginnt, also um 00 Uhr 23 ½ Minuten und 13 Minuten später zu Ende ist, also um 00 Uhr 36 ½ Minuten. Von hier aus können Sie bereits den Beginn der dritten Traumphase errechnen. Sie wissen ja, daß nach 2mal 90 Minuten nach dem Einschlafen der Höhepunkt der dritten Traumphase erreicht ist, also um 2.00 Uhr nachts. Wenn diese Traumphase ca. 16 Minuten andauert, dann hat sie um 2.00 Uhr minus 8 Minuten, also um 1 Uhr 52 Minuten begonnen und hört um 2 Uhr 8 Minuten auf. Wenn Sie in dieser Art weiterrechnen, dann können Sie Beginn und Ende einer jeden Traumphase exakt bestimmen. Diese ganze Rechnung hat aber nur dann einen Sinn, wenn Sie es schaffen, auf die Minute genau einzuschlafen. Um jede Minute, die Sie zu früh oder zu spät einschlafen, ist Ihre Rechnung verzerrt. Eine Verschiebung von 3 bis 4 Minuten kann man gerade noch in Kauf nehmen, dann fehlt Ihnen eben entweder am Ende oder am Anfang einer jeden Traumphase diese Zeit, je nachdem, ob Sie zu spät oder zu früh einschlafen. Wenn Sie aber der Typ sind, der nicht auf 5 Minuten genau einschlafen kann, dann ist diese Berechnung der Traumphase nichts für Sie. Im übrigen brauchen Sie für diese Zeitrechnung eine etwas teurere Schaltuhr, als ich sie beschrieben habe, und zwar eine solche, die alle 5 Minuten schalten kann. Trotz der beiden erwähnten Nachteile (das geforderte genauere Einschlafen und die kompliziertere Schaltuhr) haben Sie bei dieser Rechnung den Vorteil, daß Sie jede Traumphase ausnutzen und die restliche Zeit (etwa zwei

Drittel der Nacht) ungestört schlafen. Ich habe für mich persönlich diese Art der Zeitrechnung drei Monate lang praktiziert, bin dann aber aus Bequemlichkeit auf eine etwas einfachere Art und Weise verfallen. Diese einfachere Art der Zeitrechnung habe ich unter Punkt 2 beschrieben.
2. Möglichkeit: Eine etwas einfachere, wenn auch gröbere Methode, die nächtliche Lernzeit einzuprogrammieren, besteht darin, das erste Viertel der Nacht ungestört ohne Kassette zu schlafen und nur während des letzten Dreiviertels der Nacht zu lernen. Hier würde dann das Band die ganzen drei Viertel der Nachtzeit ohne Pause durchlaufen. Dabei läuft die Kassette zwar auch während der Theta- und Deltaphasen – und damit unnütz, was aber nicht stört. Damit Sie dennoch eine Zeitlang ohne äußere Einflüsse schlafen können, schaltet sich das Band erst 2 ½ Stunden später ein, nachdem Sie eingeschlafen sind. Wenn Sie diese 2 ½ Stunden auf Ihrer Graphik nachmessen, dann werden Sie feststellen, daß Sie die zweite Traumphase verpassen und mit der dritten beginnen. (Die erste Traumphase zählt wegen der zu mageren Ausbeute sowieso nicht!)
Selbst dann, wenn Sie 20 Minuten zu früh einschlafen sollten (was unwahrscheinlicher ist als umgekehrt), stimmt diese Rechnung immer noch. Schlafen Sie zu spät ein, dann kann es sogar passieren, daß Sie Teile der zweiten Traumphase ausnutzen, was für das Lernen um so besser ist.
Wenn Sie die beiden Möglichkeiten der Zeitrechnung miteinander vergleichen, dann ist die erste Art zwar umständlicher, aber dafür exakter, und die zweite Art einfacher, dafür fällt aber die zweite Traumphase in den meisten Fällen ganz weg. Welchen Weg Sie einschlagen, müssen Sie selbst ausprobieren, hier gibt es keinen absolut besseren oder schlechteren.

So gehen Sie mit dem Lernstoff um

Ich möchte Ihnen nun an zwei Beispielen erklären, wie Sie mit dem Lernstoff umgehen müssen, den Sie nachts lernen wollen. Im ersten Beispiel geht es darum, daß Sie für die englische Sprache eine bessere Aussprache bekommen wollen, im zweiten Beispiel wollen Sie Vokabeln lernen, also Wissen aufspeichern, das Sie tagsüber noch einmal ins Bewußtsein heben müssen. Das können natürlich genausogut auch andere Dinge sein – wie Formeln oder der Inhalt eines Vortrages, den Sie halten wollen usw.
Gehen wir davon aus, daß Sie mit Ihrer englischen Aussprache noch ganz am Anfang stehen. Sehr deutlich hört man heraus, daß Ihre Muttersprache Deutsch ist. Auch das »th« fällt Ihnen schwer, so daß Sie es nicht immer beachten. In diesem Falle überspielen Sie englische Texte auf Ihr Endlosband. Was das für Texte sind, spielt dabei keine große

Rolle. Wichtig ist einzig und allein, daß es sich um eine gute Aussprache handelt, also um ein Englisch, das von Engländern gesprochen ist. Würden Sie diese englischen Texte selbst auf Band sprechen, dann kämen Sie mit Ihrer Aussprache naturgemäß keinen Schritt von der Stelle.
Es können dabei sogar Texte sein, die Sie nicht einmal verstehen, weil Ihr Vokabelschatz zu gering ist. Auch das spielt keine Rolle, denn ein kleines Kind hört ja auch nach der Geburt überwiegend Worte, deren Bedeutung es noch nicht kennt, und dennoch wird hier in brillanter Weise die spätere akzentfreie Aussprache geprägt.
Wie Sie sich die Texte besorgen können, ist sehr einfach. Wenn Sie ganz speziell die Aussprache der Vokabeln verbessern wollen, die Sie gerade in der Schule oder im Englischkurs lernen, dann besorgen Sie sich bitte die Schallplattentexte zu diesen Vokabeln. In den meisten Übungsbüchern finden Sie hierzu Anzeigen. Auf keinen Fall sollten Sie sich die angebotenen Kassetten besorgen; es sei denn, Sie besitzen zwei Kassettenrecorder. Denn Sie stehen ja zu Hause vor dem Problem, diese Texte auf Ihr Endlosband zu überspielen. Denken Sie dabei daran, daß Ihr Endlosband eine maximale Spielzeit von 6 Minuten hat. Die angebotenen Texte sind in der Regel wesentlich länger. Unterteilen Sie diese Texte in 6-Minuten-Pakete, und arbeiten Sie sie nach und nach durch. Zunächst einmal überspielen Sie die ersten 6 Minuten. Lassen Sie anschließend das Endlosband noch einmal auf Wiedergabe abspielen, um sicher zu sein, daß das gewünschte Stück auch auf dem Band ist. Es ist aber nicht schlimm, wenn das Stück aufgrund der 6 Minuten Länge mittendrin abbricht. Ihr Kassettenrecorder muß nur eine genügend gute Qualität besitzen, damit die einzelnen Worte deutlich zu hören sind, denn schließlich geht es hier um die Aussprache.
Jetzt programmieren Sie die Schaltuhr in einer der zwei beschriebenen Arten und lassen das Band drei Nächte durchlaufen. Drei Nächte genügen in der Regel, um den entsprechenden Text bereits spürbar ins Bewußtsein einzugraben. Nur wenn Sie auf Dauer mit Ihrem Ergebnis unzufrieden sind, dann erhöhen Sie die Durchlaufzeit auf vier oder sogar auf fünf Nächte. Sind die drei Nächte vorbei, dann wiederholen Sie diesen Text noch zweimal laut, d. h., Sie lesen ihn laut und deutlich aus Ihrem Übungsbuch vor. Dann überspielen Sie die nächsten 6 Minuten, lassen diesen Text wieder drei Nächte durchlaufen, lesen ihn anschließend zweimal laut vor usw. Auf diese Art und Weise prägt sich die Art des englischen Sprechers immer mehr in Ihr Unbewußtsein ein, und Sie werden mit der Zeit automatisch so sprechen, wie es der Engländer tut.
Man kann hier tatsächlich von einer Manipulation sprechen, denn Ihnen wird automatisch eine Verhaltensweise, nämlich Englisch zu sprechen wie der Engländer, aufprogrammiert, und zwar unbewußt ohne Schranken. Warum das während des Schlafens wesentlich besser geht als im Wachzustand, liegt in der REM-Phase begründet.

Die REM-Phase ist eine hochsuggestible Phase, in der sich jede Information als tiefgehende, nicht kontrollierbare oder nur sehr schwer kontrollierbare Verhaltensänderung niederschlägt. Hier nutzen Sie einen der intensivsten Manipulationsmechanismen par excellence, allerdings für Ihren gewünschten Zweck.

Sie sehen, Manipulation ist nicht immer etwas Negatives. Aber bitte: Erwarten Sie nicht bereits innerhalb einer Woche eine totale Änderung Ihrer Aussprache. Hier wäre *Lernen im Schlaf* überfordert. Rechnen Sie damit, daß Ihre Aussprache von Monat zu Monat besser wird, und zwar ohne daß Sie sich bewußt darum kümmern müssen. Man kann grob sagen, daß sich Ihre Aussprache in der gleichen Qualität und Schnelligkeit prägt, als würden Sie als junger Mensch im Ausland wohnen.

Es gibt für Sie aber auch den Weg, generell die Aussprache zu verbessern, ohne daß Sie sich an die Texte in Ihrem Lehrbuch halten. Um hier Geld und Mühe zu sparen, überspielen Sie einfach Hörstücke, Interviews oder Nachrichten vom englischen Rundfunk auf Ihr Band.

Da es ja keine Rolle spielt, ob ein solcher Text vollständig ist oder nicht, können Sie ruhig mittendrin beginnen und auch mittendrin aufhören, wenn Ihre 6 Minuten um sind. Auch hier wieder lassen Sie diese Texte im Normalfall drei Nächte lang ablaufen, bevor Sie einen neuen Text überspielen. Diesmal allerdings müssen Sie auf das bewußte Vorlesen verzichten, was aber nicht so sehr ins Gewicht fällt, da Sie in diesem Fall generell die Aussprache üben und nicht die speziellen Lektionen Ihres Lehrbuches. Gut ist es auch, wenn Sie in beiden Fällen (also Texte vom Lehrbuch oder vom englischen Rundfunk) eine positive Motivation mit aufsprechen. Beginnen Sie am Anfang der 6 Minuten jeden überspielten Text mit den Worten: »Ich werde die Aussprache des folgenden Textes sehr gut in mich aufnehmen und schon morgen in dieser Art Englisch sprechen.« Diesen Satz sprechen Sie mit Ihrer eigenen Stimme auf Band.

Als ich früher Sprachen gelernt habe, habe ich selber immer den letzteren Fall (das Überspielen vom englischen Rundfunk) praktiziert, und zwar bin ich durch Zufall auf diese Möglichkeit des Aussprachetrainings gekommen. 1971 habe ich das Abitur innerhalb eines Jahres extern gemacht, und zwar so, daß ich mir zu Hause nur mit Hilfe von Büchern den geforderten Lernstoff eingeprägt habe. Im Anschluß daran bin ich zu einem mir nicht bekannten Gymnasium gefahren und bin von mir unbekannten Lehrern geprüft worden. Was ich bei dieser Prüfung, die über drei Wochen ging, können mußte, wurde mir ein Jahr vorher von dem zuständigen Lehrerkollegium schriftlich mitgeteilt.

Es ist leicht einzusehen, daß ein solches Verfahren nicht ausreicht, klar erkennen zu lassen, was genau – und vor allem wie – man in den entsprechenden Fächern lernen sollte, um die Prüfung zu bestehen. Deshalb bat ich in meiner Heimatstadt den dortigen Leiter eines Gymna-

siums darum, für ein halbes Jahr Gast auf seiner Schule sein zu dürfen. Davon erhoffte ich mir ein besseres Gefühl dafür, wie intensiv verschiedene Fächer für das Abitur vorbereitet werden müssen.
So wurde ich Gast in einer Unterprima. Im dortigen Französischunterricht wurden bereits Lektüren gelesen, während ich lediglich ein Jahr Volkshochschul-Französisch aufzuweisen hatte. Um aber möglichst viel von meinem Gastdasein zu profitieren, meldete ich mich als einer von mehreren Schülern dazu, in vier Tagen einen Teil aus der französischen Lektüre vorzubereiten, die ich dann vorlesen sollte. Also bat ich einen in Französisch guten Mitschüler, mir das entsprechende Stück auf Band zu sprechen. Dieses Band ließ ich dann vier Nächte lang durchlaufen. Am vierten Tag las ich dann mein Stück noch zweimal laut und bewußt zu Hause vor und ging dann zufrieden in die Schule. Meiner Meinung nach konnte ich das Stück einigermaßen fließend und mit einer passablen Aussprache vorlesen. Der gleichen Meinung war dann auch mein Lehrer. Nur, was er nicht wußte: Ich hatte weder jetzt noch vorher den Inhalt dieses Stückes verstanden, denn hierzu fehlten mir zu viele Vokabeln. Aber ich konnte vorlesen und hatte dabei das Gefühl, daß das Ganze irgendwie programmiert ablief.
Nun wollte es der Zufall, daß derselbe Mitschüler, der mir den Text auf Band gesprochen hatte, das nächste Stück lesen mußte. Er war noch nicht ganz fertig, als ihn der Lehrer unterbrach und zuerst mich und dann ihn anschaute und dann meinte: »Seltsam, Sie haben die gleiche Art, Französisch zu sprechen, wie Ihr Mitschüler, Herr Beyer.« Das war für mich der auslösende Punkt gewesen, das nächtliche Fremdsprachentraining systematisch zu betreiben, und von diesem Tag an fiel mir die Aussprache immer leichter.
Nehmen wir nun das zweite Beispiel, bei dem Sie Vokabeln lernen wollen. Wenn hier das Wissen der Vokabeln selbst an erster Stelle steht und das Verbessern der Aussprache nicht ganz so wichtig ist, dann können Sie die entsprechenden Vokabeln selbst auf Band sprechen, ansonsten müßten Sie jemanden finden, dessen Aussprache einwandfrei ist und der sich bereit erklärt, Ihnen die Vokabeln aufzusprechen. Damit Sie aber diesen Partner nicht alle drei Tage bemühen müssen, können Sie ihn z.B. 60 Minuten auf ein separates Band sprechen lassen, von dem Sie dann alle drei Tage Ihren 6-Minuten-Part auf die Endloskassette überspielen. Allerdings benötigen Sie hierzu einen zweiten Kassettenrecorder.
Die Vokabeln werden gemeinsam mit der deutschen Übersetzung aufgesprochen. Auf das 6-Minuten-Stück passen etwa hundert Vokabeln bei zügiger Sprechweise. Auch hier verstärken Sie den Lerneffekt wieder mit einem Motivationssatz, etwa so: »Mein Unbewußtsein lernt alles das, was auf diesem Band ist, sehr, sehr gut!«
Und auch hier gilt wieder die Drei-Tage- bzw. -Nacht-Regel. Danach al-

lerdings müssen Sie diese hundert Vokabeln bewußt lernen. Wenn Sie normalerweise für hundert unbekannte Vokabeln 3 Stunden brauchten, dann werden Sie in diesem Fall nur noch etwa 1 Stunde bis 1 ½ Stunden Zeit brauchen, bis sie im Gedächtnis sitzen. Also reduzieren Sie hier die Lernzeit auf mindestens die Hälfte, oft sogar auf ein Drittel. Und das ist leicht einzusehen, denn in Wirklichkeit lernen Sie diesmal keine neuen Vokabeln, sondern Sie frischen das bewußt auf, was bereits in Ihrem Unbewußtsein an Wissen verankert war. Dabei haben Sie das Gefühl, als hätten Sie alle diese Vokabeln schon einmal gewußt, aber inzwischen wieder vergessen. Auch dann geht das Auffrischen bekannterweise erstaunlich schnell und leicht.
Damit also erleichtert *Lernen im Schlaf* das normale Lernen, das tagsüber stattfindet, und ist somit auch für die Aneignung von Wissen eine durchaus brauchbare Lernhilfe.

Das alles kann passieren

Das Sprichwort, daß man aus Erfahrung klug wird, gilt selten so sehr wie für *Lernen im Schlaf*. Auch wenn man nach dem gründlichen Studium dieses Kapitels meint, alle Regeln beachten zu können, so wird man doch eine gute Woche brauchen, um für *Lernen im Schlaf* die nötige Routine zu haben.
An dieser Stelle deshalb noch eine Reihe von Dingen, die Sie beachten müssen bzw. mit denen Sie konfrontiert werden könnten.
Der Standort Ihres Tonbandgerätes soll so gewählt sein, daß die Laufgeräusche Ihres Recorders, die zwangsläufig immer vorhanden sind, Ihren Schlaf nicht stören. Am besten stellen Sie das Gerät weit entfernt in der entgegengesetzten Ecke Ihres Zimmers auf. Damit Sie dann aber nicht die Lautstärke zu stark aufdrehen müssen, schließen Sie einen Zweitlautsprecher an, der dabei gleichzeitig den Lautsprecher des Recorders ausschaltet. Der zweite Lautsprecher steht dabei dicht neben Ihrem Bett. Wenn Sie zu zweit schlafen und Ihr Partner keinen Wert darauf legt, z. B. mit Ihnen Spanisch zu lernen, dann benutzen Sie anstelle des Zweitlautsprechers einen sogenannten Kopfkissen-Lautsprecher. Der sieht etwa aus wie eine flache Hörmuschel und liegt unter Ihrem Kopfkissen. Nur derjenige, der genau auf einer Fläche von etwa einem Quadratmeter im Bereich des Kopfkissens liegt, hört den abgespielten Text; Ihr Partner wird hierbei nicht belästigt.
Die Lautstärke des Zweitlautsprechers bzw. des Kopfkissen-Lautsprechers muß so sein, daß Sie gerade noch ohne Konzentration den Text verstehen.
Aber Vorsicht! In der Nacht hören Sie besser als am Tag. Deshalb stellen Sie tagsüber den Lautsprecher auf die gewünschte Lautstärke nach Ihrem momentanen Empfinden ein. In der ersten Nacht werden Sie dann

mit Sicherheit aufwachen und sich über die inzwischen größere Lautstärke wundern. Gehen Sie in diesem Fall sofort zum Gerät, und regeln Sie die Lautstärke nach Ihrem jetzigen Empfinden erneut ein. Machen Sie dann eine Markierung an dem Lautstärkeregler, am besten mit Nagellack, den Sie für diesen Zweck bereitgestellt haben. Jetzt stimmt Ihre Lautstärke für alle Zeiten; vorausgesetzt, Sie nehmen Ihre Texte immer in der gleichen Lautstärke auf. Am besten benutzen Sie dazu die Automatik.

Wenn Sie nach einigen Tagen gute Erfahrung mit dieser Lernmethode gesammelt haben, dann können Sie die zweite Spur, die Sie ja meist auf Ihrem Band haben, mit Musik belegen. Diese Musik muß eine entspannende Musik sein, die spürbar leiser ist als der gesprochene Text. Dadurch erhöht sich, genauso wie durch den zusätzlichen »Motivationssatz«, die Bereitschaft Ihres Unbewußtseins, den Text aufzunehmen und zu speichern. Einen ähnlichen Effekt erzielen Sie, wenn die Texte von einer Person aufgesprochen werden, die Sie lieben. Man kann gar nicht oft genug betonen, wie wichtig gerade dann, wenn es um Ihr Unbewußtsein geht, eine entsprechende Motivation ist. Sie müssen Ihr Unbewußtsein so behandeln wie ein kleines Kind, dann gelingt das Lernen am besten.

Oft werde ich gefragt, ob man durch diese »akustische Störung« nicht nachts aufwacht (was ja auf den ersten Blick logisch scheint!). Natürlich werden Sie aufwachen, aber nur die ersten vier bis fünf Nächte. Diese Nächte gelten als Übergangszeit, in der Sie sich an das Endlosband gewöhnen. Dann aber werden Sie nicht mehr davon aufwachen, ja, Sie werden am nächsten Tag noch nicht einmal mit Bestimmtheit sagen können, ob das Band gelaufen ist, so sehr ist die ganze Sache in Gewohnheit und Routine übergegangen. Der Grund hierfür ist, daß das Gehirn nur dann mit einer Alarmreaktion (gleichbedeutend mit Aufwachen) antwortet, wenn es sich um spontane Geräusche handelt. Monotone Geräusche (und nichts anderes ist Ihr Band) führen schnell zu einem Abklingen der Alarmreaktion, ja, oft sogar zum Schlaf (denken Sie nur an das monotone Geräusch bei der Eisenbahn).

Wer kein Problem darin sieht, an einer verkehrsreichen Straße zu schlafen (hier haben Sie die spontanen Geräusche), der wird schon gar keine Probleme mit *Lernen im Schlaf* haben (hier handelt es sich immerhin um monotone Geräusche). Es gibt nur sehr wenige Menschen, die sich absolut nicht an *Lernen im Schlaf* gewöhnen können.

Im übrigen sollten Sie darauf achten, daß Sie nicht Ihre Nachbarschaft mit Wissen füttern, wie es mir einmal passiert ist.

Es war Sommer, ich hatte das Fenster auf, und der Zweitlautsprecher schaltete in meinem damaligen Gerät nicht automatisch den internen Lautsprecher ab. Das Tonbandgerät stand unter dem Fenster, und die warme Luft trug den Schall so weit, daß im Nachbarhaus einige »Schlä-

fer« mit lateinischen Vokabeln gefüttert wurden. Das wurde dann auch gleichzeitig in einen Traum umgesetzt. Eine Nachbarin träumte davon, in einer Kirche zu sein, in der der Pfarrer Latein sprach. Während der Predigt konnte sie trotz Bemühungen die Kirche nicht verlassen. Es gelang ihr erst, als das Endlosband abgeschaltet war. Für die Nachbarin war das natürlich ein einmaliger Traum, den sie mir am nächsten Tag aufgeregt erzählte.
Ihnen allerdings wird es kaum passieren, daß Sie von dem träumen, was auf dem Endlosband abgespielt wird. Wenn Sie der Typ sind, der angeblich »traumlos« schläft (das sind die meisten), dann erleben Sie diese Vokabeln nachts nicht mit. Wenn Sie aber Ihre Träume miterleben, dann auch inklusive Ihrer Vokabeln oder dessen, was sonst noch auf dem Band ist.
An dieser Stelle sei kurz erwähnt, daß es keine traumlose Nacht gibt. Nach unserer Graphik befinden Sie sich immer alle 90 Minuten in der Traumphase, nur in den meisten Fällen wissen Sie am nächsten Morgen nichts mehr davon. Traumphasen sind immer da, sonst würde *Lernen im Schlaf* nicht funktionieren. In allen Traumphasen übrigens, in dem das Endlosband aufgenommen wird, werden die Erlebnisse vom Vortage weiterverarbeitet, nur nicht mehr so stark wie in den ersten Traumphasen. Jetzt ist quasi Platz geschaffen worden, um die Informationen des Endlosbandes aufzunehmen. Dementsprechend werden dann auch die Erlebnisse des Vortages und z. B. die Vokabeln in Ihrem Traum gemischt, was Sie bei einem bewußt erlebten Traum schnell feststellen würden. Die Qualität des Lernens leidet durch dieses Mischen allerdings nicht.
Wir haben bereits darüber gesprochen, wie Sie die Schaltuhr einstellen. Für den Ausschaltzeitpunkt gibt es einen kleinen Trick.
Wer die einzelnen Traumphasen genau abpaßt, der schaltet das Band natürlich zu Beginn einer jeden Traumphase ein und am Ende einer jeden Traumphase aus.
Bei der anderen Möglichkeit, der gröberen Zeiteinteilung, gibt es zwei Versionen.
Entweder schalten Sie, wenn Sie z. B. um 7.00 Uhr aufwachen müssen, das Band um 6.00 Uhr aus (also grundsätzlich immer 1 Stunde vor dem Aufwachen), oder aber Sie lassen das Band ganz durchlaufen, bis Sie aufwachen. Auch danach läuft das Band noch einige Zeit. Von der letzten Möglichkeit habe ich während der 1 ½ Jahre, wo ich im Schlaf gelernt habe, Gebrauch gemacht, und zwar immer dann, wenn ich Wissen gelernt habe. Während ich morgens aß bzw. mich anzog, lief das Tonband noch einige Male durch, und ich hörte dabei bewußt zu, und zwar jeden Morgen und nicht erst am dritten Morgen. Dadurch sparte ich mir einen großen Teil der Zeit, die ich vorher für das bewußte Lernen opfern mußte.
Auch das können Sie einmal ausprobieren, aber am besten erst dann,

wenn Sie eine Woche lang schon genügend Erfahrungen gesammelt haben.
Soweit also die wichtigsten Informationen über *Lernen im Schlaf*. Ich bin sicher, daß es Ihnen jetzt keine Schwierigkeiten mehr bereiten wird, mit dieser Technik zu lernen.
Damit Ihnen der erste Versuch etwas leichter fällt, habe ich Ihnen das, was Sie tun müssen, in einer Checkliste niedergeschrieben.
Bitte gehen Sie beim ersten Mal die einzelnen Punkte dieser Liste durch. Ich wünsche Ihnen dazu viel Erfolg.

Checkliste Lernen im Schlaf
Bitte alle Punkte beachten!

1. Lerneffekt:
   Aussprache sehr gut (keine bewußte Wiederholung).
   Wissen gut (bewußte Wiederholung).
2. Geräte:
   ein Kassettenrecorder bzw. Tonbandgerät,
   eine Endloskassette bzw. ein Endlostonband,
   eine Schaltuhr.
3. Vier bis fünf Nächte gelten als Übergangsnächte, in denen Sie wahrscheinlich noch aufwachen werden.
4. Eventuell zweite Spur mit entsprechender Musik bespielen oder das Wissen von einer Person auf Band sprechen lassen, die Sie lieben (optimale Form des Lernens). Außerdem die Aufnahmebereitschaft Ihres Unbewußtseins durch einen Motivationssatz verstärken.
5. Zweitlautsprecher (oder Kopfkissen-Lautsprecher, falls Partner ungestört schlafen will).
6. Nachts hören Sie besser. Beim Einstellen die Lautstärke beachten und mit Nagellack markieren.
7. Etwa alle drei Nächte einen neuen Text nehmen.
8. Bei Wissen ist bewußtes, nachträgliches Lernen nötig – hier: Verkürzung der bewußten Lernzeit auf mindestens die Hälfte.
9. Band kann morgens, wenn Sie wach sind, eine Zeitlang laufen, um das bewußte Lernen weiter zu verkürzen.

2. Superlearning

A Überblick

Überstürzte Euphorie

In den letzten Jahren liest man in der Presse immer wieder von der Superlernmethode aus Bulgarien, mit der man, will man den Berichten glauben, 1000, 1500, ja, sogar 3000 Vokabeln pro Tag aufnehmen kann. Diese Methode heißt *Superlearning* und wird als *die* Lernmethode in der heutigen Zeit dargestellt. Dabei ist sie eigentlich gar keine neue Methode, sie ist bereits einmal 1970/1971 in Deutschland bekanntgeworden, damals unter der Bezeichnung »Subliminal Teaching«, was etwa soviel bedeutet wie »unterschwelliges Lernen« oder »Lernen in Entspannung«. Damals wurde bereits der Bukarester Professor Lozanov erwähnt, der in Bukarest an dieser Methode arbeitete. Seine Schüler, so hörte man, konnten 100 bis 150 Vokabeln pro Tag mit dieser Methode aufnehmen. Danach allerdings wurde es still um diese Lernmethode. Mit Beginn der achtziger Jahre überbot plötzlich ein Bericht den anderen in der Anzahl der Vokabeln, die man mit dieser Methode pro Tag aufnehmen könne.

Ziel und Erfolg

Superlearning, als dessen Begründer Professor Lozanov in Bukarest gilt, ist keine neue Lernmethode im tatsächlichen Sinn. Was an dieser Methode neu ist, das ist die Tatsache, daß Professor Lozanov der erste war, der eine Reihe von optimalen, schon bekannten Lernmethoden (wie z.B. entspanntes, sorgenfreies Lernen oder Lernen bei besserer Durchblutung des Gehirns u.a.) miteinander kombiniert hat. Diese optimale Kombination wirkt sich tatsächlich so positiv aus, daß man *Superlearning* als eine der besten heute bekannten Lernmethoden bezeichnen kann, vorausgesetzt, man hält alle Regeln dieser Lernmethode strikt ein.

Und so kann man ohne Übertreibung sagen, daß es mit dieser Methode schon möglich ist, bis zu 200 oder 250 Vokabeln am Tag (oder ein entsprechendes äquivalentes Wissen, z.B. Texte, Formeln, Vorträge u.a.)

nachhaltig aufzuspeichern. Aber auch hier muß man natürlich wiederholen, denn ohne Wiederholen funktioniert keine Lernmethode. Aber die Zahlen von 2000 oder gar 3000 Vokabeln, die ohne Wiederholen aufgespeichert werden könnten, sind auf jeden Fall weit übertrieben und illusorisch, denn das würde bedeuten, daß Sie pro Monat etwa fünfzehn Sprachen lernen könnten!

Zeitaufwand

Sie benötigen für das Erlernen dieser Methode keine Zeit, wenn wir voraussetzen, daß Sie in der Lage sind, sich durch Entspannung in einen Alphazustand zu versetzen. Die Methoden hierzu sind beliebig, z.B. geht das mit autogenem Training oder mit Meditation oder Selbsthypnose u.a.
Sind Sie noch nicht so weit, dann müssen Sie erst einmal die Zeit aufbringen, eine solche Entspannungsmethode zu erlernen.
Für das Anwenden der Lernmethode *Superlearning* benötigen Sie dann, wenn Sie die angekündigten 200 bis 250 Vokabeln lernen wollen, etwa 4 Stunden Zeit pro Tag. Der Zeitpunkt selbst spielt dabei keine große Rolle. Wenn Sie entsprechend weniger lernen wollen, benötigen Sie entsprechend weniger Zeit. Von einem höheren Lernpensum allerdings rate ich Ihnen ab, weil sonst der Prozentsatz der dennoch wieder vergessenen Vokabeln deutlich anwächst. In der angegebenen Zeit ist übrigens das Wiederholen schon einkalkuliert; hierfür benötigen Sie 2 Stunden pro Tag, und zwar die ersten 2 Stunden der insgesamt 4 Stunden Lernzeit. Für neue Vokabeln – oder was auch immer Sie lernen wollen – sind die jeweils letzten beiden Stunden vorgesehen.

Material

Sie benötigen Musik von insgesamt 1 Stunde Dauer. Diese Musik muß immer im Viervierteltakt sein, d.h. 60 Takte pro Minute, maximal 70 Takte pro Minute. Das kann klassische Musik sein, aber auch moderne Musik; je nachdem, wie Ihr Geschmack ist. Für diese Musik benötigen Sie einen Kassettenrecorder oder ein Tonbandgerät (ein Plattenspieler geht nicht, weil eine Platte nur etwa 20 Minuten läuft und auf einer solchen Platte auch nicht 20 Minuten lang die gewünschten Stücke sind). Auf diesen Recorder überspielen Sie von verschiedenen Schallplatten die gewünschten Musikstücke, die Sie *dann* aber immer wieder benutzen. Sie brauchen noch einen zweiten Recorder für das Wissen, das Sie beim *Superlearning* abspielen lassen müssen.

Besondere Bemerkungen

Diese Methode ist für Schüler und Berufstätige geeignet. Allerdings ist sie unter 15 Jahren nur bedingt anzuwenden, da hier der Zustand der

Hellwachheit (Beta) als Voraussetzung für den Entspannungszustand noch nicht so ausgeprägt ist.
Die erwähnte 1 Stunde Musik wird für die gesamte Lernzeit von 4 Stunden pro Tag benutzt. Das bedeutet, daß Sie jede Stunde wieder mit der gleichen Musik beginnen, was den Lernprozeß auf keinen Fall stört, da Sie sowieso jede Stunde eine kurze Unterbrechung haben, bei der Sie mit einem neuen Lernabschnitt beginnen.
Die erwähnte Entspannungsmethode, die Sie lernen müssen, kann durch ein Biofeedback-Gerät* überwacht werden, muß aber nicht. Wenn Sie es aber einsetzen wollen, dann ist ein EEG das optimale Gerät, weil Sie sich daran halten können, ob Sie tatsächlich in Alpha sind oder nicht.
Darüber hinaus benötigen Sie noch eine spezielle Joga-Atemtechnik, die aber in 1 Minute erlernt ist.

B Theoretischer Hintergrund

Eine Kombination verschiedener Methoden

Ich habe schon davon gesprochen, daß *Superlearning* eine optimale Kombination von verschiedenen bekannten Lernmethoden ist. Was darunter zu verstehen ist, möchte ich an dem Beispiel Vokabeln erklären. Sinngemäß gilt das gleiche auch natürlich für jeden anderen Lernstoff.

a) *Superlearning* ist ein Lernen in der Entspannung, genauer gesagt, in Alpha. Zur Verdeutlichung noch einmal in der umseitig stehenden Tabelle der Schlafrhythmus.

Da die Alphazone die zweite Wachphase ist, läßt sie sich gut steuern, im Unterschied zu den Schlafrhythmen. Es wird Ihnen also mit etwas Training gut gelingen, sich beliebig lange in Alpha aufzuhalten, z. B. dadurch, daß Sie autogenes Training machen – oder durch Selbsthypnose. Das ist sehr wichtig, denn Sie lernen ja einige Stunden am Tag und brauchen für diese Zeit den Alphabereich.
Warum man in Alpha gut lernen kann, das liegt daran, daß Sie während der Entspannung sorgenfrei und ohne äußere Störungen lernen. Wenn man so will, dann lernen Sie unbedarft wie ein kleines Kind, ohne daß Ihre Gedanken auf geschäftliche oder familiäre oder schulische Probleme abwandern.

* Biofeedback-Gerät ist der Oberbegriff für alle Geräte, die Reaktionen Ihres Gesamtorganismus sichtbar machen, wie z. B. EEG, EKG, EMG, u. a. Biofeedback heißt ins Deutsche übersetzt Rückkoppelung des Organismus und seiner Reaktionen. Einfache und preiswerte Ausführungen können Sie für Ihr persönliches Training im Fachhandel kaufen.

b) Während des Lernens werden Ihnen die Vokabeln mal laut mit Nachdruck, mal leise geflüstert und mal in normaler nüchterner Stimmlage vom Band vermittelt (Informatorische Vermittlung). Die Art der Sprechweise ist pro Vokabel zufällig gewählt, und es kann durchaus sein, daß auch mal zwei oder drei Vokabeln hintereinander geflüstert werden und die nächsten dann laut oder im normalen Tonfall.

Durch ein solches Verfahren bleibt Ihre Aufmerksamkeitskurve auf einem Maximum, da die äußeren Reize in ihrer Art immer wieder

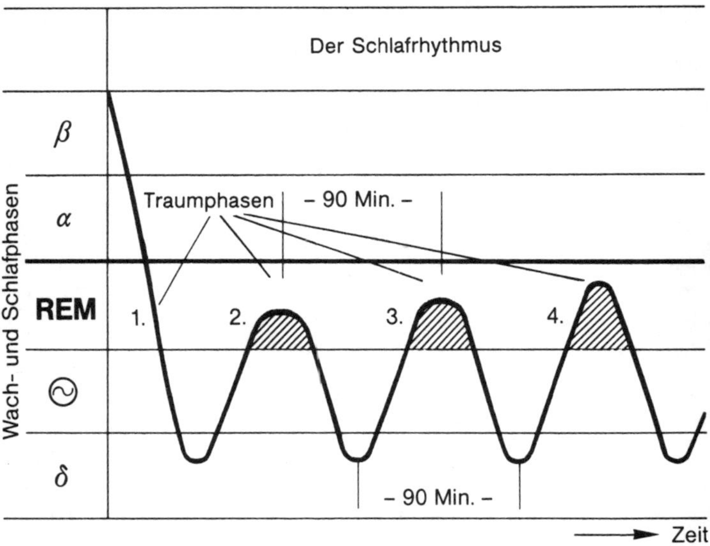

Der normale Schlafrhythmus

wechseln (das extreme Gegenteil dazu bildet ein Unterricht, der so monoton ist, daß die Zuhörer einschlafen).

c) Beim Lernen der Vokabeln hören Sie nicht gezielt zu, sondern mehr oder weniger zufällig. Sie können z. B. Ihren Gedanken nachgehen oder sich auf die Vokabeln konzentrieren, ganz so, wie Sie es im Moment gern tun wollen. Dadurch entfällt ein gezwungenes, stures Pauken, das Sie unangenehm an Ihre frühere bzw. jetzige Schulzeit erinnern würde. Es ist leicht einzusehen, daß durch dieses zwanglose Lernen Ihre Motivation auf ein Maximum steigt.

d) Während des Lernens atmen Sie in einem ganz bestimmten Rhythmus. Diese Atmung ist der Joga-Atemtechnik entlehnt und führt dazu, daß durch Ihr Gehirn mehr sauerstoffreiches Blut gepumpt wird und ebenso der Stoffwechsel verbessert wird. Das Ganze führt zu einer wesentlich besseren Konzentration.

Gleichzeitig wird durch diese Atmung, die schon beinahe als Hyperventilation (hohe Zuführung von Sauerstoff) bezeichnet werden kann, eine Art Hypnoseeffekt erzielt, der ebenfalls als Unterstützung zu Ihrer Entspannungstechnik die Alphaphase aufrechterhält. (Mehr zum Thema Hypnose und Selbsthypnose im Kapitel 5.)

e) Immer dann, wenn eine Vokabel vermittelt wird, halten Sie Ihre Atmung an. In der Zwischenzeit, also da, wo Sie nichts vermittelt bekommen, atmen Sie weiter. Hierdurch wird in brillanter Weise der Effekt der Deshabituation erreicht, indem alle Ihre Sinne für einen kurzen Moment auf ein Maximum verfeinert werden.

Um das besser zu verstehen, müssen Sie sich einmal vor Augen halten, was passiert, wenn Sie im dunklen Wald spazierengehen. Plötzlich knackt es im Gebüsch! Sofort stehen Sie still, hören auf zu atmen und sind für einen kurzen Moment äußerst gespannt, um der vermeintlichen Gefahr richtig zu begegnen.

Wenn dann nichts weiter passiert, läßt Ihre Aufmerksamkeit automatisch nach, und Ihre Atmung setzt wieder normal ein. Das gilt gleichermaßen auch für Tiere. Wer Hundebesitzer ist, kann dieses Phänomen an seinem Hund sehr gut feststellen.

Und beim *Superlearning* wird dieses Phänomen absichtlich provoziert. Wenn bei schlagartig erhöhter Aufmerksamkeit die Atmung für einige Sekunden stoppt, dann muß umgekehrt auch die Aufmerksamkeit auf ein Maximum steigen, wenn man für einige Sekunden die Atmung anhält.

Und dieses »künstliche« Verfahren funktioniert, wenn es nicht länger als ca. 4 bis 5 Sekunden provoziert wird, immer wieder aufs neue. D.h., wenn z.B. alle 8 Sekunden eine Vokabel vermittelt wird, dann läßt sich durch die kurz angehaltene Atmung immer wieder die Aufmerksamkeit für einige Sekunden schlagartig hochsetzen.

f) Durch die Entspannung, in der Sie sich während des Lernens befinden, wird der ganze Körper entkrampft. Dadurch ermüden Sie beim Lernen nicht mehr so schnell, wie es sonst beim sturen Pauken regelmäßig der Fall ist. Wenn man darüber hinaus das Lernen auch noch durch motivationfördernde Befehlssätze verstärkt, wächst die Motivation noch mehr auf ein Maximum und damit auch die Lernbereitschaft.

Superlearning ohne falsche Vorstellungen

Diese Lernhilfen erleichtern das Lernen, und man kann von einem Fortschritt sprechen.
Aber man sollte nicht in den Fehler verfallen, diese Methode als eine Wundermethode oder sogar als Religion zu sehen, wie das leider oft der Fall ist. Denn dann könnte sich Enttäuschung einstellen.
Superlearning gehört zum Bereich der Suggestopädie. Das ist die Verbindung zwischen Suggestion und Pädagogik. Der Grundgedanke der Suggestopädie ist, wie man das Lernen durch positive Suggestionen verbessern kann, wie man also mit einer besseren Motivation lernen kann. Damit ist *Superlearning* die zur Zeit bekannteste Methode, die aus der Suggestopädie heraus entwickelt wurde.
Um diese Methode gründlich kennenzulernen, habe ich mich bereits 1971 damit beschäftigt, zumal zu dieser Zeit zwei ehemalige Mitarbeiter unseres Instituts bei Prof. Lozanov in Bulgarien gewesen sind, um seine Arbeit kennenzulernen. Die Berichte über die Lernleistungen von mehr als 1000 Vokabeln, die man angeblich pro Tag lernen könne, haben sie nicht bestätigt gefunden, weder bei sich noch bei anderen, die solche Kurse mitgemacht haben. Auch Seminare, die seit Ende der siebziger Jahre in Europa angeboten werden, brachten es nicht fertig, auch nur annähernd 200 Vokabeln pro Tag zu vermitteln. Und das kann man schon verstehen, wenn man solche Seminare miterlebt hat. In den meisten Fällen handelte es sich lediglich um Informationsseminare, die über diese Lernmethode berichteten, tatsächliche Praxisseminare werden nicht konsequent angeboten, obwohl man mit solchen Seminaren guten Erfolg haben könnte. (Wie ein solches Seminar aussehen muß, um entsprechenden Erfolg zu bringen, wird in Abschnitt C dargestellt, an dem Beispiel eines Seminars, das der Autor an seinem Institut durchführt.)

Und so sieht nun die Gegenüberstellung des schulischen Paukens im Unterschied zum *Superlearning* aus.

Pauken	*Superlearning*
Ohne Motivation	Mit Motivation
Mechanisch verkrampft	Locker, entspannt
Ohne Rücksicht auf die eigene Emotion	Positive Emotionen (Wohlbefinden) werden stimuliert
Willentlich, ohne Lust	Lernen aus Spaß
Prüfungsangst im Nacken	Ohne Prüfungsangst
Zeitdruck	Ohne Zeitdruck
Wenige Erfolgserlebnisse, viele Mißerfolgserlebnisse	Viele Erfolgserlebnisse

Lernen nur mit dem Bewußtsein	Bewußtsein und Unbewußtsein lernen, und damit ist der gesamte Organismus in Harmonie
Das bedeutet: gestreßtes und damit unwirtschaftliches Lernen!	Damit bedeutet dieses Lernen: entstreßtes Lernen!

Man kann deutlich sehen, daß zwischen diesen beiden Arten des Lernens Welten stehen und daß in der Pädagogik viel falsch gemacht wird!

C Übungen und Anwendungen in der Praxis

Die Voraussetzung

Ich habe schon erwähnt, daß *Superlearning* ein Lernen in Alpha ist. Also müssen Sie in der Lage sein, sich in Alpha zu versetzen, und zwar so lange, wie Sie es brauchen. Da *Superlearning* im Normalfalle 4mal 1 Stunde dauert, muß es Ihnen gelingen, mindestens 1 Stunde am Stück in Alpha zu bleiben.
Oft werde ich gefragt: »Wie komme ich denn in Alpha hinein, bzw. woher weiß ich eigentlich, daß ich jetzt in Alpha bin?« Diese Frage ist durchaus berechtigt, und ich kann Ihnen nur antworten: So direkt können Sie letztlich nie wissen, ob Sie in Alpha sind, Sie können es höchstens vermuten. Die einzige exakte Möglichkeit, das festzustellen, wäre das schon beschriebene EEG. Aber da diese Geräte teuer sind (von etlichen 100 DM bis zu mehreren 1000 DM), kann man wohl kaum erwarten, daß Sie eines besitzen oder sich anschaffen. Sie können sich allerdings relativ fest darauf verlassen, daß Sie sich aller Wahrscheinlichkeit nach in Alpha befinden, wenn Sie eine der folgenden Entspannungsmethoden beherrschen oder zumindest praktikabel anwenden können.

Diese Entspannungsmethoden sind:

1. Autogenes Training: Entspannungseinstieg über Schwere des Körpers
2. Meditation: Entspannungseinstieg über Verinnerlichung und Selbstbesinnung
3. Selbsthypnose: Entspannungseinstieg über die Schwere der Augenlider (eine von mehreren Möglichkeiten; siehe hierzu Kapitel 5)
4. Silver-Mind-Control: Entspannungseinstieg über gedanklich gesprochene Zahlen und geistig vorgestellte Farben

5. Mind-Development: Konkurrenzmethode mit gleichem Inhalt wie Methode Nr. 4
6. Progressive Muskelentspannung (nach Jakobs): Entspannungseinstieg über bewußtes Anspannen und Entspannen der Muskeln
7. Elektronische Entspannung: Entspannungseinstieg über Musik und Stimme, der Endzustand der Entspannung wird hier bereits nach 2 Stunden erreicht; bei autogenem Training z. B. ist die durchschnittliche Dauer 6 Wochen bis zur endgültigen Entspannung

Wenn Sie nicht mindestens eine dieser Entspannungsmethoden können, dann sollten Sie sie zum besseren Gelingen von *Superlearning* erst einmal erlernen. Autogenes Training und Meditation können Sie auf der Volkshochschule oder in entsprechenden Managementseminaren erlernen (ein intensives Trainingsprogramm hierzu finden Sie auch in dem Buch: Günther Beyer, *Mehr lernen und leisten ohne Streß*, Lexika Verlag). Ebenfalls in der Volkshochschule und auf Managementseminaren können Sie die progressive Muskelentspannung erlernen. Selbsthypnose lernen Sie in der Regel entweder nur bei Ärzten oder Heilpraktikern. Hier sollten Sie sich in der näheren Umgebung erkundigen.
Die Methoden Silver-Mind-Control und Mind-Development werden in einer Reihe von Seminaren in der Schweiz und Amerika angeboten. Auch hier müssen Sie sich im einzelnen Fall darüber erkundigen.
Die elektronische Entspannung können Sie im Institut des Autors erlernen, und zwar sowohl in sogenannten Motivations- und Selbst-Motivationsseminaren als auch in den Seminaren *Superlearning*.
Wenn diese Fähigkeit zur Entspannung fehlt, dann ist *Superlearning* deutlich weniger intensiv als mit Entspannung. Allerdings: Beim *Superlearning* gibt es noch zwei Dinge (Musik und Atmung), die Sie auch ohne eine Entspannungsmethode bereits in die Nähe von Alpha bringen, so daß Sie dennoch einen akzeptablen Erfolg haben werden, wenngleich Sie auch durch eine gezielte Entspannungsübung das Tüpfelchen auf das i setzen.
Während Sie nun in Entspannung sind, läuft gleichzeitig Musik im Viervierteltakt ab. Das ist Musik, ganz gleich, welcher Art, die 60 Takte bis maximal 70 Takte pro Minute hat. Da der Mensch sensibel auf Musik reagiert, wird sich sein Organismus diesem 60-Takte-Rhythmus anpassen, d. h., daß sich die Herzfrequenz auf etwa diesen Takt einpendelt, was einer spürbaren Entspannung entspricht. (Bei Streß z. B. oder starker Verkrampfung ist Ihr Herzschlag weit über 100.)
Darüber hinaus atmen Sie beim Lernen anders als sonst, und zwar, um es auf eine grobe Formel zu bringen, wesentlich tiefer, als Sie es gewohnt sind. In der einschlägigen Literatur werden Sie immer die Angaben finden: 4 Sekunden einatmen, 4 Sekunden Luft anhalten, 4 Sekunden ausatmen, oder aber Sie finden die Formel: 2 Sekunden einatmen,

4 Sekunden Luft anhalten, 2 Sekunden ausatmen, was leichter zu erfüllen ist als der erste Rhythmus.
Diese strenge Regel ist aber inzwischen längst gelockert worden, denn auf diesen Rhythmus selbst kommt es nicht so sehr an. Vielmehr sollen Sie tiefer ein- und ausatmen als normalerweise, weil hierdurch mehr Sauerstoff ins Gehirn kommt, Müdigkeit wegfällt und ebenso durch diese Hyperventilation ein Alphazustand annähernd erreicht werden kann. Zum anderen soll die Luft in dem Moment angehalten werden, wenn der Wissensstoff, z. B. eine Vokabel, genannt wird. Das können im konkreten Fall 2 Sekunden sein, aber auch 4 oder 5 Sekunden. Durch dieses Anhalten der Luft tritt der im Abschnitt B beschriebene Effekt der Aufmerksamkeitserhöhung auf. Also ist der beste Atemrhythmus nach letzten Erkenntnissen individuell, und zwar folgendermaßen: 2 Sekunden tief einatmen, während der Dauer der vermittelten Vokabel (oder des anderen Wissensstoffes) die Luft anhalten, 2 Sekunden tief ausatmen, dann wieder 2 Sekunden tief einatmen usw.
Das Vermitteln der Vokabeln (flüsternd, normal, befehlend laut) geschieht per Tonband, während Sie sitzen oder liegen.

Der konkrete Lernverlauf

Es wird von einem normalen Lernprogramm von 4 Stunden ausgegangen. Sie setzen sich bequem hin oder legen sich hin. Im Hintergrund spielt eine Ihnen angenehme entspannende Musik, deren Dauer 1 Stunde oder mehr beträgt (Musiktitel gebe ich Ihnen noch am Ende dieses Kapitels an). Da Sie insgesamt 4mal 1 Stunde lernen, darf ein 1-Stunden-Part nicht dadurch unterbrochen werden, daß Sie eine neue Musik auflegen müssen. Nach jeweils einer abgeschlossenen Stunde spielt eine solche Unterbrechung hingegen keine Rolle. Also ist die Dauer Ihrer Musikstücke entweder 1 Stunde, 2 Stunden, 3 Stunden oder 4 Stunden. Sie können aber gern nach 1 Stunde wieder mit der bereits gespielten Musik beginnen. Dasselbe gilt für die 3. und 4. Stunde. Der Entspannungseffekt dieser Musik wird dadurch nicht geschmälert. Am besten überspielen Sie entsprechende Stücke auf ein Tonband, denn ich kenne keine Schallplatte, wo solche längeren zusammenhängenden Stücke aufgenommen worden sind. Sie müssen sich einmal die Mühe machen, Ihre *Superlearning*-Musik zusammenzuschneiden.
Die Lautstärke der Musik regeln Sie so weit hinunter, bis Sie sie noch gut verstehen können, ohne sich darauf konzentrieren zu müssen.
Neben Ihnen steht ein zweiter Recorder, auf dem das gewünschte Wissen aufgesprochen ist. Nehmen wir dazu englische Vokabeln.
Diese Vokabeln sollten von jemandem gesprochen sein, dessen Aussprache gut ist, damit Sie zwei Fliegen mit einer Klappe schlagen, er-

stens verbessern Sie Ihre Aussprache, und zweitens lernen Sie Vokabeln. Natürlich sind die Vokabeln mit der Übersetzung aufgesprochen, am besten nach dem folgenden Schema:

the kitchen – die Küche, a kitchen
the shadow – der Schatten, a shadow

Dieses Verfahren gilt auch für andere Fremdsprachen, vor allem für die, bei denen es verschiedene Artikel gibt (z. B. le und la im Französischen).

Jetzt starten Sie Ihr Band und versetzen sich in die beschriebene Entspannung. Wenn Sie in Alpha sind, dann atmen Sie tief und fest: 2 Sekunden einatmen, Luft anhalten:

the kitchen – die Küche, a kitchen
2 Sekunden ausatmen;
2 Sekunden einatmen, Luft anhalten:
the shadow – der Schatten, a shadow.
2 Sekunden ausatmen
usw.

Damit die Vokabeln auf Ihrem Band mit dem Atemrhythmus übereinstimmen, müssen Sie vorher auch so auf das Band gesprochen worden sein. Das ist aber einfacher, als Sie denken, Sie lassen einfach jeweils vor und nach einer Vokabel gute 4 Sekunden Pause, also so:

21, 22 (Einatmen)	Vokabeln mit Übersetzung auf Band sprechen	21, 22 (Ausatmen)
21, 22 (Einatmen)	Nächste Vokabel mit Übersetzung auf Band sprechen	21, 22 (Ausatmen)
21, 22 (Einatmen)	Nächste Vokabel mit Übersetzung auf Band sprechen	
usw.		

Auf diese Art und Weise beenden Sie einen Lernpart von 1 Stunde.

Auch Wiederholen ist wichtig

Der gesamte Part von 4 Stunden läuft immer wie folgt ab:
2 Stunden lang wiederholen Sie den gesamten Part der letzten 2 Stunden vom Vortage, anschließend lernen Sie 2 Stunden lang neue Vokabeln. Am nächsten Tag wiederholen Sie wieder in den ersten 2 Stunden den 2-Stunden-Part der zweiten Hälfte des Vortages und lernen anschließend wieder 2 Stunden lang neue Vokabeln usw.

Aber auch der Wiederholungspart selbst ist nach einem ganz bestimmten System gegliedert: Die 1. Stunde lang wiederholen Sie die Vokabeln aktiv, d. h., Sie wiederholen vom Blatt, und zwar im Frage-und-Antwort-Stil. Hierzu haben Sie während der Entspannung die Augen geöffnet und sehen die jeweiligen Vokabeln in einem Heft oder auf einer Karteikarte und müssen sich an die deutsche Übersetzung erinnern. In der 2. Stunde geht es um die gleichen Vokabeln wie in der 1. Stunde, nur sind hier in der Entspannung die Augen geschlossen, und Sie hören die Vokabeln und müssen sich an die Übersetzung erinnern, entweder laut oder in Gedanken. Atmung und Musik bleiben in beiden Fällen natürlich bestehen, allerdings wird die Luft im Wiederholungspart nicht angehalten, sondern Sie atmen im 2-Sekunden-Rhythmus tief ein und aus.
In der zweiten Hälfte, also den letzten beiden Stunden, wird in der gleichen Weise verfahren, nur diesmal mit neuen, noch unbekannten Vokabeln. 1 Stunde lang sehen Sie in der Entspannung mit der entsprechenden Atmung die einzelnen Vokabeln (also immer in der Zwischenphase, in der Sie die Luft anhalten, in der vorherigen Wiederholungsphase haben Sie ja die Luft nicht angehalten, sondern Sie atmeten lediglich tief ein und aus). Das kann per Dia an der Wand geschehen oder wiederum mit vorliegendem Heft bzw. mit Karteikarten. Gleichzeitig werden dabei allerdings die Vokabeln auch hörbar per Band vermittelt, und so schauen Sie sich immer erst dann die nächste Vokabel mit angehaltener Luft an, wenn Sie auch per Tonband vermittelt wird, und greifen nicht auf Ihrem Blatt vor.
In der 2. Stunde hören Sie diese jeweilige Vokabel nur noch (Sie sehen sie also nicht mehr) und halten dabei auch entsprechend die Luft an.
Wenn Sie dieses Prinzip einmal genau durchrechnen, dann werden Sie feststellen, daß Sie jede Vokabel insgesamt zweimal sehen und dreimal hören, und zwar an dem ersten Tag in der 3. Stunde schriftlich sowie mündlich und in der 4. Stunde mündlich und am nächsten Tag (Wiederholungspart) in der 1. Stunde nur schriftlich und in der 2. Stunde mündlich.
Wenn Sie weiter rechnen, daß durch das Ein- und Ausatmen $2 + 2 = 4$ Sekunden vergehen und durch das Aufnehmen bei angehaltener Luft weitere ca. 4 Sekunden, dann ist eine Lernsektion immer ca. 8 Sekunden lang. Da 7×8 Sekunden $=$ 56 Sekunden sind und damit rund 1 Minute, schaffen Sie in 1 Minute etwa sieben Sektionen – und damit sieben Vokabeln. Das sind in 1 Stunde 420 Vokabeln, die dann noch dreimal wiederholt werden (am gleichen Tag und am nächsten Tag). Damit nehmen Sie pro Tag etwa 420 Vokabeln auf. Da Sie jedoch trotz der dreifachen Wiederholung etliche Vokabeln wieder vergessen werden, habe ich eingangs vorsichtigerweise von 200 bis 250 Vokabeln am Tag gesprochen. Wenn Sie davon ausgehen, daß Sie etwa 2000 Vokabeln brauchen, um 85 Prozent einer Sprache zu verstehen, dann könnten Sie

auf diese Art und Weise in zehn bis maximal fünfzehn Tagen eine Sprache so lernen, daß Sie sich fließend verständigen können. Ein Ergebnis, das schon reizt, *Superlearning* auszuprobieren, nicht wahr?
Und dabei haben Sie sich kein bißchen verkrampft anstrengen müssen! Soweit die Lernmethode *Superlearning*, hier jetzt wieder die Checkliste, damit Sie diese Methode leichter in die Tat umsetzen können.

Checkliste Superlearning

Bitte für ein gutes Gelingen alle Punkte beachten!

1. Fähigkeit erwerben, in Alpha zu gehen (z. B. Autogenes Training oder elektronische Entspannung)
2. Entsprechende Musik während der Lernphase laufen lassen, 60 bis 70 Takte pro Minute (z. B. aus der nachstehenden Titelliste)
3. Tief atmen, 2 Sekunden einatmen, während der Aufnahme der Vokabeln ins Gedächtnis Luft anhalten, 2 Sekunden ausatmen, wieder 2 Sekunden einatmen usw.
4. Vokabeln im willkürlichen Wechsel vermitteln (flüsternd, normal, befehlend laut)
5. Normale Lernzeit pro Tag: 4mal 1 Stunde (kann verkürzt werden, dann muß aber jede einzelne Stunde entsprechend gekürzt werden, z. B. 4 × 45 Minuten)
6. 4mal 1 Stunde folgendermaßen aufteilen:
   1. Stunde schriftlich neue Vokabeln mit mündlicher Begleitung
   2. Stunde mündlich die gleichen Vokabeln noch einmal
   3. Stunde schriftlich die Vokabeln vom Vortage wiederholen
   4. Stunde mündlich dieselben Vokabeln der 3. und 4. Stunde vom Vortage wiederholen
7. Für die gesamte Lernzeit von 4 Stunden gelten von der Atmung, der Musik, der Entspannung und der *intonatorischen* Vermittlung her immer die gleichen Bedingungen, nur in den beiden Wiederholungsphasen, die jeweils am folgenden Tag ablaufen, muß die Luft nicht angehalten werden
8. Ein 4-Stunden-Pensum umfaßt 420 Vokabeln, realistisch ist es, zu erwarten, daß Sie davon etwa 200 bis 250 pro Tag dauerhaft behalten werden

Hier nun die Musikliste, wie sie auch in dem Buch *Superlearning* der Autoren *Ostrander/Schroeder* im *Scherz*-Verlag angegeben wird. Es sind immer die Teilstücke der einzelnen Musiktitel angegeben, die 60 bis 70 Takte pro Minute entsprechen. Natürlich können Sie auch eigene Musik auswählen, die dem Viervierteltakt entspricht. Die Musikrichtung selbst (klassische, moderne oder andere) spielt keine Rolle.

Johann Sebastian Bach

1. Largo aus dem Flötenkonzert in G-moll nach BWV (Bach-Werkverzeichnis) 1056, Bearbeitung für Flöte; Original: Cembalo (*James Galway spielt Bach*, RCA RL 25119 AW)
2. Aria zu den *Goldberg-Variationen*, BWV 988 (Cembalo) (EMI IC 151-30710/11)
3. Largo aus Konzert für Klavier und Streichorchester Nr. 5 in f-Moll, BWV 1056 (*Drei Klavierkonzerte*, ZL 30569)
4. Largo aus Konzert für Cembalosolo in g-Moll, BWV 975 (nach Vivaldi) (*Cembalokonzerte nach Antonio Vivaldi*, EMI IC 065-28336)
5. Largo aus Konzert für Cembalosolo Nr. 5 in G-Dur, BWV 976 (Dieselbe Platte wie 4.)
6. Largo aus Konzert für Cembalosolo in F-Dur (FSM 34287)

Arcangelo Corelli

7. Alle langsamen Sätze aus *Concerti grossi* op. 6, Nr. 1–12 (DG 2710011 MS)

Georg Friedrich Händel

8. Alle langsamen Sätze aus *Concerti grossi* op. 6, Nr. 1–12 (EMI IC 153-99645/47 Q)
9. Largo aus Konzert Nr. 3 in D-Dur (*Feuerwerksmusik*, EMI IC 065-99690)
10. Largo aus Konzert Nr. 1 in B-Dur (*Concerti grossi* op. 3, Nr. 1–6, EMI IC 151-99622/23)

Georg Philipp Telemann

11. Largo aus *Fantasien für Cembalo*, Nr. 17 in g-Moll (PR 70124)
12. Largo aus Konzert für Viola, Streicher und Basso continuo in G-Dur (Dca 91017)

Antonio Vivaldi

13. Largo aus »Winter« – *Die vier Jahreszeiten* (*Les Quatre Saisons*, Philips X Stereo 6515007)
14. Largo aus Konzert in D-Dur für Gitarre, Streicher und Basso continuo (DG 139417)
15. Largo aus Concerto für Mandoline, Streicher und Orgel, Nr. 1 in C-Dur PV 134 (FSM 34153)

16. Largo aus Concerto für Viola d'amore, Laute, Streicher und Basso continuo in d-Moll PV 266
(*Sämtliche Konzerte für Laute, Gitarre und Mandoline*, DG 2530211)
17. Largo aus Konzert für Flöte, Streicher und Basso continuo in C-Dur PV 79
(DG 2535200)

PS: In diesem Kapitel finden Sie keine Anleitung zu einer Entspannungsübung. Im Kapitel 5, *Hypnose und Selbsthypnose*, ist eine solche Methode beschrieben. Zum anderen habe ich die Erfahrung gemacht, daß viele Personen bereits eine solche Methode beherrschen. Im übrigen ist es besser, solche Entspannungsmethoden in einem Seminar unter Anleitung zu erlernen als mit Hilfe von Büchern, die es allerdings zu diesen Themen zahlreich genug gibt. Wenn Sie vom Buch her eine Entspannungsmethode erlernen wollen, dann sollten Sie auf jeden Fall Ihren Arzt fragen, ob gesundheitlich dagegen etwas einzuwenden ist, denn eine Entspannungsübung belastet immer ein wenig den Kreislauf.

3. Superschlaf

A Überblick

Ein verkürzter Schlaf

Der *Superschlaf* ist eine Kurzschlafmethode, die auch unter der Bezeichnung »Schlüsseltechnik« bekannt ist. Hierbei geht es um die bessere Ausnutzung der Tatsache, daß ein Schlaf aus verschiedenen Phasen mit verschiedenen Funktionen besteht. Dabei handelt es sich nicht etwa um einen künstlichen Schlaf oder ein Doping, sondern um eine natürliche Art des Schlafens, die sehr einfach und wirksam ist.

Ziel und Erfolg

Bei diesem *Superschlaf* sind Sie in der Lage, innerhalb von 5 Minuten einen Schlaf von etwa 85 Minuten zu ersetzen. Dabei gehen wir davon aus, daß Sie im Moment so müde sind, daß Sie auf der Stelle einschlafen könnten. Ihnen fallen also, wenn man so will, ständig die Augen zu. Nach 5 Minuten *Superschlaf* wird Ihre Müdigkeit absolut verflogen sein, und Sie haben tatsächlich echte Reserven für ca. 2 bis 3 Stunden. Damit ist dieser Schlaf z. B. eine große Hilfe, wenn Sie mit dem PKW unterwegs sind oder müde in einer Konferenz sitzen.

Sie werden noch sehen, daß Sie für diesen Schlaf nicht unbedingt liegen müssen. Ein Schlafen im Sitzen, sogar dann, wenn die Rückenlehne fehlt, ist durchaus möglich. Allerdings muß man bei diesem *Superschlaf* erwähnen, daß dadurch nur der Geist erfrischt wird und nicht etwa der Körper. Das kann dazu führen, daß sich der Körper mit der Zeit etwas unwohl fühlt, wenn Sie beispielsweise mit dieser Technik zwei oder gar drei Nächte überbrücken wollen. Wenn Sie jedoch diese Technik überstrapazieren, dann werden Sie irgendwann nach diesen 5 Minuten nicht mehr aufwachen, sondern so lange weiterschlafen, bis auch der Körper seinen Anteil bekommen hat. Denn, wie gesagt, das Ganze ist kein Doping, sondern hier laufen natürliche Funktionen ab. Solange Sie aber diese Methode nur ein- bis zweimal am Tage benutzen und ansonsten Ihrem Organismus den zustehenden Schlaf gönnen, gibt es keine Probleme.

Zeitaufwand

Er ist sehr gering, denn den *Superschlaf* brauchen Sie nicht zu erlernen, Sie müssen bei der Anwendung nur bestimmte Regeln beachten. Die Durchführung selbst braucht keine Vorbereitungszeit, außer daß Sie sich den Platz aussuchen, an dem Sie 5 Minuten schlafen wollen (z. B. während einer Konferenz im Nebenzimmer oder auf der Toilette, sitzend im Droschkenkutschersitz oder auf einem Parkplatz).

Material

Sie benötigen für den *Superschlaf* ein Schlüsselbund (das Sie ja normalerweise immer bei sich tragen) und als erste Präferenz eine Möglichkeit zum Liegen. Geht liegen nicht, dann eine Möglichkeit zum Sitzen, bei der Sie sich anlehnen können. Können Sie auch darauf nicht zurückgreifen, dann nehmen Sie die Haltung des Droschkenkutschers ein (hierüber sprechen wir noch in Abschnitt C).

Besondere Bemerkungen

Die Methode des Schnellschlafens funktioniert uneingeschränkt bei Schülern und Berufstätigen jeden Alters. Allerdings sollten Schüler unter 15 Jahren nicht oder zumindest kaum von dieser Methode Gebrauch machen. Ich hatte schon erwähnt, daß bei diesem Kurzschlaf der Körper ausgenommen wird, was bei häufigerer Anwendung zu einer Belastung führt, da sich der Körper in diesem Alter noch in der Entwicklung befindet. Ab 15 Jahren und vor allem bei einem gesunden und kräftigen Organismus bestehen keine Bedenken. Im übrigen tritt hier häufig eine Kompensationserscheinung auf. Fehlender körperlicher Schlaf wird durch vermehrtes Essen ausgeglichen. Allerdings: Das bekannte Gefühl, nach z. B. 30 Minuten Schlaf benebelt aufzuwachen und auch noch eine Zeitlang (bis zu 3 Stunden) so zu bleiben, entfällt bei diesem *Superschlaf*. Auf diesen zweiten wichtigen Vorteil werden wir noch zu sprechen kommen.

B Theoretischer Hintergrund

Was geschieht im Gehirn beim Superschlaf?

Um diese Frage zu klären, müssen wir uns noch einmal die EEG-Tabelle aus Kapitel 1, *Lernen im Schlaf*, vor Augen führen.
Hier sehen Sie wieder die einzelnen Zonen von Beta bis Delta. Dazu auch den Schlafrhythmus, der sich ja bekanntlich alle 90 Minuten in der

gleichen Weise wiederholt. Diesmal habe ich die einzelnen Traumphasen optisch etwas stärker herausgeholt, außerdem finden Sie im rechten Teil der untenstehenden Graphik die Bezeichnung EMG.

Aber zu dem EMG später, jetzt interessieren die eingezeichneten Traumphasen. Während solcher Traumphasen ist die gesamte Großhirnrinde aktiv, hier werden, wie Sie ja schon wissen, Erlebnisse vom Vortage oder auch Wünsche und gleichzeitige Störungen verarbeitet. Dieses Verarbeiten ist lebenswichtig für Ihre Großhirnrinde; würden Sie dieses Verarbeiten unterbrechen, dann wäre Ihr Gehirn nur maximal fünfzehn Tage und Nächte lebensfähig. Anschließend würden Sie irreversibel wahnsinnig, d.h., es gibt dann keine Möglichkeit mehr, wieder geistig gesund zu werden. Natürlich kommt dieser Wahnsinn nicht sofort, sondern er kündigt sich Schritt für Schritt an. Dazu ein Experiment, bei dem Versuchspersonen künstlich die Traumphasen entzogen wurden. Dies erreicht man dadurch, daß man die Versuchsperson immer dann weckt, wenn ein angeschlossenes EEG einen Traum ankündigt. Hierdurch schläft der Proband in allen anderen Phasen (Theta und Delta), nur nicht in der Traumphase.

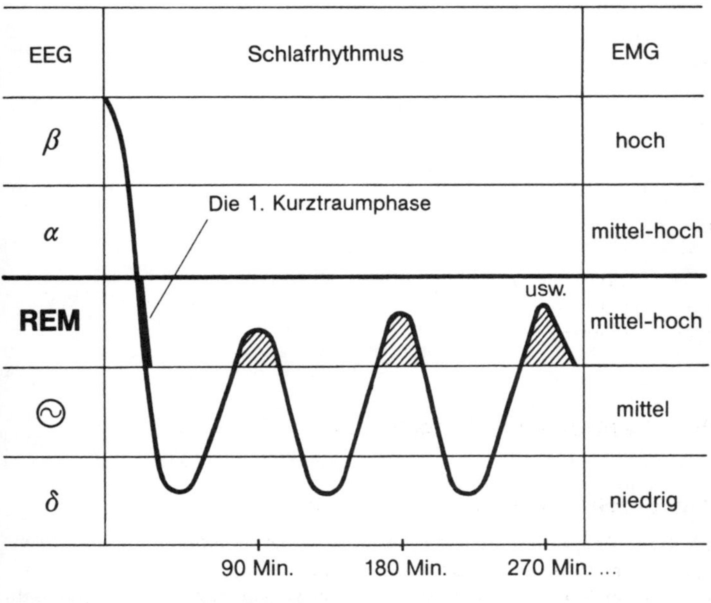

Der Schlafrhythmus im EEG und EMG

Spätestens nach zwei Nächten fühlt sich das »Versuchskaninchen« gerädert, nach vier Nächten sieht es Dinge, die nicht da sind. Diese Halluzinationen steigern sich dann immer mehr ins Negative hinein, d. h., nach sieben bis acht Tagen sieht die Versuchsperson keine Menschen mehr, sondern nur noch schleimige Wurmmassen, sie leidet an Verfolgungswahn und glaubt, die den Versuch betreuenden Ärzte wollen sie umbringen usw. Nach spätestens der fünfzehnten Nacht ist es dann soweit: Das Gehirn, und zwar hier speziell die Großhirnrinde, bricht als denkendes, vernünftiges, lebendes, geistiges System endgültig zusammen. Warum? Ganz einfach, weil die Großhirnrinde auf jeden Reiz, der über die fünf klassischen Sinne kommt, reagiert und sich damit verändert. Nachts müssen diese Erlebnisse und Reize aufgearbeitet werden, muß alles eingeordnet und sortiert werden; es wird, wenn man so will, die alte Ordnung des Status quo wieder herbeigeführt. Man könnte das ganze Verfahren z. B. mit einer Wirtschaft vergleichen. Wenn hier niemals saubergemacht würde, dann sähe diese Gastwirtschaft durch seine täglichen Besucher immer schlimmer und ungeordneter aus: Im Extremfalle ginge das so weit, daß man dieses Lokal nicht mehr als Wirtschaft benutzen könnte.
Und vor so etwas muß sich der Organismus natürlich schützen. Er tut es, indem er Ihnen ein Müdigkeitsgefühl vermittelt, das immer stärker wird, bis Sie dann endlich nicht mehr anders können und einschlafen. Das Schlafbedürfnis des Körpers wird anders dargestellt. Hier haben Sie das Gefühl, schwere Glieder zu haben, im Extremfalle haben Sie das Empfinden, der ganze Körper sei taub, erschlagen und gefühllos. Hierbei spielen Zwischenhirn und Stammhirn eine größere Rolle, wenngleich man die Funktionen des gesamten Gehirns nicht so einfach auseinanderdividieren kann.
Wenn Sie sich nun noch einmal unsere Graphik anschauen, dann wird Ihnen sehr schnell klar, worauf hinaus der Kurzschlaf steuert. Es ist jetzt leicht einzusehen, daß sich die Großhirnrinde in den ca. 5 Minuten der ersten Traumphase erfrischt. Die folgende Zeit bis zum Beginn der zweiten Traumphase (also etwa weitere 80 Minuten) ist nur für die Erfrischung des Körpers da, und während dieser Zeit sinkt Ihr noch vorhandenes Schlafbedürfnis praktisch nicht. Erst während der zweiten Traumphase wieder, und zwar hier für die Dauer von ca. 13 Minuten. Das Ganze wiederholt sich dann in der dritten Traumphase, in der vierten usw.
Also ist es für die Befriedigung Ihres Schlafbedürfnisses völlig gleich, ob Sie 5 Minuten, 10 Minuten, 30 Minuten, 50 Minuten oder 80 Minuten schlafen, Ihre Großhirnrinde profitiert bis zu diesem Zeitpunkt nicht weiter davon.
Fazit: Wenn ich wenig Zeit habe, aber sehr müde bin, dann schlafe ich nur die ersten 5 Minuten und keine Minute länger. Aber: Die wichtigste Frage, die noch zu klären ist, lautet: Wie mache ich es, daß ich zum richtigen Zeitpunkt aufwache – und keine Minute zu früh oder zu spät?

Denn wir werden noch sehen, daß sich ein zu spätes Aufwachen negativ auswirkt und ein zu frühes Erwachen die Effektivität Ihres Schlafes mindert.

Der richtige Zeitpunkt beim Aufwachen ist wichtig

Wenn Sie eingeschlafen sind, dann schüttet der Organismus innerhalb der ersten 30 Minuten Schlaf ein Hormon mit dem Namen Somatotropin aus. Nach diesen 30 Minuten hat dieses Hormon den höchsten Spiegel erreicht und bleibt auf diesem Niveau für weitere 4 Stunden. Dann, etwa innerhalb von wieder 30 Minuten, geht dieser Hormonspiegel auf Null zurück. Wenn Sie nun zu einem Zeitpunkt aufwachen, wo dieses Somatotropin stark vertreten ist, dann werden hierdurch Ihre Konzentration und Merkfähigkeit erheblich gemindert. Für Sie persönlich äußert sich dieser Zustand so, daß Sie z.B. nach 40 Minuten Schlaf aufwachen und zu nichts zu gebrauchen sind. Sie haben das schon erwähnte Gefühl, völlig benebelt zu sein. Und oft dauert es dann bis zu mehreren Stunden, bis Sie wieder völlig konzentriert arbeiten und lernen können. Sie haben solche Situationen schon miterlebt und sind davon ausgegangen, daß das so sein muß. Aber dem ist nicht so!

Wenn Sie exakt am Ende der ersten Traumphase aufwachen, dann haben Sie nicht nur Zeit gespart, sondern Ihr Somatotropinspiegel ist noch nicht wesentlich angestiegen, und Sie brauchen nach dem Kurzschlaf nur vielleicht 3 bis 4 Minuten, bis Ihr Gehirn wieder völlig konzentriert arbeiten kann. Zu früh sollten Sie allerdings auch nicht aufwachen, denn jede Minute Ihres Kurzschlafes ist kostbar genug, um Ihre Müdigkeit abzubauen.

Wer oder was kann Sie nun zum richtigen Zeitpunkt wecken? Einen Wecker auf 5 Minuten zu stellen (was ja der ungefähren Dauer der ersten Traumphase entspricht, die aber um 1 bis 2 Minuten schwanken kann, weil hier erst einmal Ihr Schlaf eingeleitet wird) wäre zu ungenau, falls die Kurzschlafphase von den 5 Minuten abweicht. Darüber hinaus passiert es oft genug, daß Sie erst einmal einige Minuten vor sich hin dösen, bis Sie in die richtige Traumphase gelangen.

Einen Außenstehenden hinzuzuziehen, der auf die Uhr schaut, ist gleichfalls sinnlos. Denn auch an Ihren geschlossenen Augen oder an Ihrer Haltung läßt sich nur wenig erkennen. Und ein EEG anzuschließen fällt von vornherein weg. Aber es gibt doch ein erstaunlich einfaches Hilfsmittel, das den *Superschlaf* zu einer Patentmethode werden läßt.

Im rechten Teil unserer Schlafgraphik finden Sie die Bezeichnung EMG. Das ist die Abkürzung für Elektromyograph. Das ist ein Gerät, das während der Wach- und Schlafphase die Intensität Ihrer Muskelanspannung aufzeichnet.

In der Betazone ist Ihre Muskelspannung hoch, in Alpha mittel bis hoch, in REM ebenfalls mittel bis hoch, in Theta nur noch mittel und in Delta niedrig. Demnach sinkt Ihre Muskelanspannung vom höchsten Wert

während des konzentrierten Wachseins bis zum niedrigsten Punkt im Tiefschlaf in der Deltaphase.
Wenn wir noch weiter ins Detail gehen, dann stellen wir fest, daß die Muskelspannung in dem Moment, wo die erste Traumphase zu Ende ist und in Delta übergeht, auf die Hälfte ihres Wertes gesunken ist (mittel). Als Körperreaktion äußert sich das in einer halb geöffneten Hand. Und das werden wir uns auf einfache Weise zunutze machen.

C Übungen und Anwendungen in der Praxis

Die Sache mit dem Schlüssel

Nehmen wir an, Sie sitzen in einer Konferenz, die für Sie wichtig ist, und Sie sind so müde, daß Ihnen ständig die Augen zufallen. Manchmal zukken Sie durch ein Geräusch (z. B. applaudieren im Moment alle) wieder hoch, ein Adrenalinstoß fährt durch Ihren Körper, Sie sind für 1 Minute wach, aber mehr nicht, und schon fallen Ihnen wieder die Augen zu. In diesem Falle verlassen Sie den Konferenzsaal und gehen, wenn möglich, in ein Nebenzimmer. Dort legen Sie sich hin oder setzen sich in einen bequemen Sessel. Ist beides nicht möglich, dann nehmen Sie die vom autogenen Training her bekannte Droschkenkutscherhaltung ein, durch die Sie schlafend auch ohne Lehne sitzen können. Hier ist der Oberkörper leicht nach vorne gebeugt, und die Unterarme liegen auf Ihren Schenkeln. Jetzt nehmen Sie Ihren Schlüsselbund heraus, holen die Schlüssel aus dem Etui, schließen um diese Schlüssel herum Ihre Faust und lassen den Arm hängen. Allerdings so, daß er noch mindestens 20 cm Abstand vom Boden hat. Nun schlafen Sie seelenruhig ein. In dem Moment, wo die erste Traumphase zu Ende ist, sinkt Ihr Muskeltonus auf etwa die Hälfte, die Hand ist halb geöffnet, und der Schlüssel fällt mit einem lauten Klirren auf den Boden. Die Traumphase ist ein extrem geräuschempfindlicher Bereich, und da Sie sie gerade erst verlassen haben, wachen Sie durch das klirrende Geräusch exakt an der richtigen Stelle auf.
Nur für den Fall, daß Sie sich in einem Zimmer mit einem extrem dicken Teppichboden befinden, legen Sie einen Aschenbecher, eine Mappe oder einen Teller unter (z. B., wenn Sie in Ihrem Hotelzimmer kurzschlafen). Nachdem Sie aufgewacht sind, dauert es höchstens 3 bis 4 Minuten, bis Sie sich wieder völlig konzentrieren können. Denn das Somatotropin wirkt sich in der kurzen Zeit, wie schon erwähnt, kaum aus und wird schnell abgebaut.
Wenn Sie in den Konferenzraum zurückkehren, wird jeder Teilnehmer annehmen, Sie seien auf der Toilette gewesen, falls er Ihre Abwesenheit überhaupt bemerkt hat.

Jede Situation ist möglich

Für einen Schüler läuft die ganze Sache in der gleichen Weise ab. Nennen wir ihn Klaus.

Klaus ist nach dem Mittagessen immer müde, und das hindert ihn, konzentriert seine Schulaufgaben zu machen. Auch er schläft nun mit Hilfe des Schlüssels kurz ein. Da er in der glücklichen Lage ist, dabei auf jeden Fall liegen zu können, nützt er das natürlich aus. Auch hier wiederum wacht er durch die geöffnete Hand exakt an der richtigen Stelle auf und kann nach 3 bis 4 Minuten Übergangszeit mit den Schularbeiten beginnen. Der *Superschlaf* läßt sich eben in jeder Situation einsetzen.

Allerdings: Bei der Anwendung von Drogen, Schlaftabletten oder Alkohol versagt der *Superschlaf*, denn solche chemischen Keulen verzerren den normalen Schlafrhythmus total: Vor allem werden die Traumphasen verändert und in ihrer Wirkung stark eingeschränkt. Das ist im übrigen auch der Grund dafür, warum Sie sich am nächsten Tage überhaupt nicht erfrischt fühlen, sondern eher erschlagen. Hier wurde eben die erfrischende Wirkung der Traumphasen verhindert.

Zum Schluß dieses Kapitels wieder die Checkliste zur leichteren Anwendung des *Superschlafs*.

Checkliste Superschlaf

Bitte wieder alle Punkte für ein gutes Gelingen beachten!

1. Voraussetzung: Keine chemischen Hilfsmittel wie z. B. Alkohol oder Schlaftabletten, sonst versagt der Kurzschlaf
2. Sie liegen oder sitzen, im schlechtesten Falle im Droschkenkutschersitz (z. B. auf der Toilette)
3. Sie halten ein offenes Schlüsselbund in der geschlossenen Faust
4. Bei weichem Teppichboden einen Teller, eine Mappe, einen Aschenbecher oder ähnliches unterlegen
5. Einschlafen, bis Sie von alleine wieder aufwachen
6. 2 bis 3 Minuten Übergangsphase einkalkulieren, bis die volle Konzentration wieder da ist
7. Jetzt haben Sie echte Reserven für ca. 2 bis 3 Stunden: Es handelt sich also nicht um eine verschleierte Art von Doping

4. Motivation und Selbstmotivation

A Überblick

Im Wandel der Zeit

Motivation ist ein Schlagwort geworden, das sowohl in der Schule als auch im täglichen Berufsleben verwendet wird. Wenn ein Schüler nicht lernen will, dann wird davon gesprochen, ihm fehle die entsprechende Motivation. Wenn ein Mitarbeiter in seinem Arbeitsinteresse nachläßt, dann soll ihn sein Vorgesetzter motivieren. Überall also stößt man auf das Phänomen Motivation. Und das ist auch kein Wunder, denn es ist eine allgemein zu beobachtende Tatsache, daß die Motivation nachläßt, und wo früher einmal mehr Geld oder eine Beförderung stark motivieren konnte, muß man heute ganz anders vorgehen. Das Interesse, die Wünsche und die Vorstellungen des Menschen haben sich eben gewandelt, und man muß, will man richtig motivieren, diesem Wandel Rechnung tragen – so, wie wir es in diesem Buch versuchen wollen.

Ziel und Erfolg

In diesem Kapitel geht es in erster Linie um die Selbstmotivation, also darum, wie Sie sich selbst motivieren können. Allerdings finden Sie auch eine kurze Einführung über die Möglichkeiten vor, wie Sie, z. B. als Vorgesetzter, Ihre Mitarbeiter motivieren können. Hier spricht man von Fremdmotivation. Sollte Ihnen die Einführung in die Fremdmotivation nicht genügen, dann besorgen Sie sich darüber weitere Informationen. Hierüber werden eine große Anzahl Bücher und Seminare angeboten.
Man muß nun die Methode, mit der Sie sich selbst oder auch andere motivieren, in zwei große Bereiche unterteilen.

a) Eine Motivation über den Verstand und das Bewußtsein. Diese Methode wird allgemein als Motivationstechnik bezeichnet. Sie werden aber noch sehen, daß sie die weniger effektive Technik ist, weil sich die Motivation über den Verstand relativ schwer beeinflussen läßt. Seltsamerweise aber ist diese Methode zur Zeit noch die gängigste.

b) Eine Motivation über das Unbewußtsein und seine Emotionen. Diese Technik wird allgemein als Suggestionstechnik bezeichnet und stellt damit eine effektivere Möglichkeit der Motivation dar, weil sie direkt auf die Emotionen des Betreffenden wirkt.

In beiden Fällen aber versucht man, den Willen als das antreibende Mittel durch etwas anderes zu ersetzen. Dazu zwei Beispiele: Ein Schüler hat keine Lust, Vokabeln zu lernen. Ein Unternehmer tut sich sehr schwer, einen wichtigen Brief zu schreiben, weil er nicht gern schreibt. In beiden Fällen mußten sie bislang den Willen einsetzen.

Das soll nun anders werden. Durch eine entsprechende Motivationsmethode können Sie sich in die Lage versetzen, ein echtes, tatsächliches Interesse am Lernen und Schreiben zu bekommen, ohne daß Sie weiterhin Ihren Willen strapazieren müssen. Es fällt Ihnen also leichter – und das Wichtigste: Sie fühlen sich wohler, weil keine Spannungen mehr in Ihrer Psyche auftreten, die darüber hinaus auch ungesund sind.

Zeitaufwand

Für die Motivationstechnik brauchen Sie pro Problem (z. B. Briefe schreiben) etwa 15 Minuten. Während dieser Zeit müssen Sie eine Motivationsanalyse machen. D. h., daß Sie in einer Art Checkliste sich selbst transparent und deutlich vor Augen führen, was Sie am Briefeschreiben hindert. Ebenso listen Sie aber auch die positive Seite auf. Also Dinge, die motivierend wirken können, z. B. der Geschäftsabschluß, der mit diesem Brief erreicht werden kann. Die positiven Punkte Ihrer Motivationsanalyse müssen Sie sich dann ständig vor Augen halten, so lange, bis Sie – im besten Fall – eines Tages von sich aus mit Freude Briefe schreiben, im schlechtesten Fall müssen Sie sich für alle Zeiten die positiven Punkte vor Augen halten.

Für die Suggestionstechnik brauchen Sie pro Problem etwa 2 Wochen, und zwar pro Tag nur ca. 5 Minuten. Dann sind Sie in der glücklichen Lage, daß Ihnen das Briefeschreiben Spaß macht. Diese Umkehr Ihrer Motivation hält sehr lange an, manchmal viele Jahre, ohne daß Sie sich mit Hilfe der Suggestionstechnik weiter mit diesem Problem beschäftigen müssen.

Material

Dieser Teil ist diesmal schnell abgehandelt. Weder bei der Motivationstechnik noch bei der Suggestionstechnik benötigen Sie irgendwelche Geräte. Die einzige Voraussetzung bei der Suggestionstechnik ist, daß Sie in der Lage sind, durch Entspannung in den Alphazustand zu gelangen, z. B. durch autogenes Training oder durch Meditation. Die meisten Leser werden eine der beiden Techniken können. Als Ausweichmöglichkeit könnten Sie auch die erste REM-Phase nach dem Einschlafen zur

Motivation benutzen, was aber etwas langwieriger ist und wodurch Sie darauf angewiesen sind, einzuschlafen.
(Wer mit einer Entspannungsübung arbeiten will und sie erst lernen muß, den verweise ich auf mein Buch: »Mehr lernen und leisten ohne Streß«, Lexika-Verlag, Autor Günther Beyer. Mit diesem Buch haben Sie eine gute Möglichkeit, eine Entspannungstechnik zu erlernen, und darüber hinaus noch die Möglichkeit, weitere speziellere Anwendungen der Suggestionstechnik kennenzulernen.)

Besondere Bemerkungen

Beide Techniken sind sowohl für Schüler als auch für Berufstätige geeignet. Dabei gibt es für die Motivationstechnik keine Altersgrenze, weder nach oben noch nach unten.
Die Suggestionstechnik ist allerdings erst ab ca. 15 Jahren zu empfehlen, da die Fähigkeit, in den Alphazustand zu gelangen und hier Suggestionen festzusetzen, stark davon abhängig ist, wie weit bereits die Betazone in der Großhirnrinde aufgebaut ist. Da sich beim Menschen die Großhirnrinde erst relativ spät, speziell die Betazone ab dem 12. Lebensjahr, entwickelt, handelt es sich vor diesem Alter immer nur um eine normale Motivationstechnik – gleich, welche Methode Sie versuchen anzuwenden.

B Theoretischer Hintergrund

Auch der Urmensch war motiviert

Seit der Mensch existiert (nach neuesten Erkenntnissen bereits 2 Millionen Jahre), wird er durch Motivationen gesteuert. Von manchem wird er dadurch abgehalten, zu anderen Dingen wird er angetrieben. Und nicht nur der Mensch, Tieren geht es genauso. Ganz gleich, ob man nun die Steuerung des Verhaltens bei Tier und Mensch, zum Teil mit Instinkt, mit erlerntem Verhalten oder ähnlichem erklären will, diese ganzen Systeme stehen und fallen mit der Motivation.
Aber was ist Motivation? Das psychologische Lexikon sagt dazu (hier verkürzt wiedergegeben): »Motivation ist ein modellhafter, angenommener Vorgang, der das Verhalten neben anderen Dingen, wie z. B. Reflexen, bestimmt. Unter Motivation werden zum Teil innere Dinge wie Bedürfnis oder Instinkt oder auch äußere Dinge wie z. B. der Reiz, den ein Objekt auf das Individuum ausübt, verstanden (z. B. eine Frau zieht mich an, motiviert mich also, ihr näherzutreten).«
Durch die Motivation wird der Organismus einem Verhalten zugeführt, das ihm nützt, und von einem Verhalten ferngehalten, das ihm schadet. Damit ist also die Motivation für den Organismus lebenswichtig zur Be-

dürfnisbefriedigung. Da sich die wichtigsten, ursprünglichsten Bedürfnisse im Zwischenhirn abspielen (Steuerung aller vegetativen Prozesse), sind an der Motivationsbildung hauptsächlich das Zwischenhirn, die Großhirnrinde und im sehr geringen Maße auch der Hirnstamm beteiligt.
Dazu das folgende Beispiel in der Situation eines Urmenschen:
Die Dinge, die in seiner täglichen Umwelt auf ihn zuströmen, kann man in folgende Kategorien unterteilen:

1. Es gibt viele Umwelteinflüsse, die ihm spontan schaden, d.h. nicht erst nach längerem Einwirken. Hiervor muß er geschützt werden, z.B. durch spontane Abneigung, durch Angst, durch Fluchtverhalten, Hand in Hand mit Panik usw.
2. Es gibt ebenso Dinge, die ihm auf Dauer schaden würden, z.B. jahrelanger Dauerstreß oder ständige ungesunde Umwelt. Der noch nicht zivilisierte Urmensch und auch das Tier reagieren hier noch richtig, ebenfalls durch Abneigung oder zumindest Desinteresse u.a.
3. Es gibt Dinge, die im ersten Moment interessant sind. Wenn nach einer kurzen Aufmerksamkeitsperiode festgestellt wird, daß diese Dinge weder nützen noch schaden, geht das Interesse auf Null zurück. Mit diesen Dingen wird er sich höchstens noch zufällig oder bei Bedarf beschäftigen. Das anfängliche Interesse war allerdings wichtig gewesen: Hier handelt es sich um Dinge, die nicht im Gehirn fest einprogrammiert sind, wo Nutzen oder Schaden durch Erfahrung erst einmal erlernt werden mußte. Man spricht hier von dem Fall der erlernten Habituation, was gleichbedeutend mit Gewöhnung ist.
4. Die Dinge, die für den Urmenschen und das Überleben seiner Rasse wichtig sind, werden, weil von der Natur so vorgesehen, sein Interesse, seine Freude, ja, sogar seine Begeisterung hervorrufen. Hier tritt also die positive Motivation ein.

Alle diese geschilderten Dinge erleben wir auch heute Tag für Tag. Z.B. der Schüler, der keine Lust hat zu lernen, es sei denn, die Fächer, die ihn sehr interessieren. Der Mitarbeiter, der keine Lust mehr hat, die tägliche monotone Routinearbeit zu machen, der Manager, der durch negative Erlebnisse und Frustration die Freude an seiner Position verloren hat usw.
Wie vielschichtig und kompliziert dabei die einzelnen Mechanismen im Gehirn sind, kann man nur ahnen. So z.B. wieder unser Schüler Klaus, der in der Klasse sitzt und dem Lehrer zuhört. Zuerst interessierte ihn das Thema, weil es noch neu war, dann aber ging es im Prinzip immer wieder um die gleichen Dinge. Seine Großhirnrinde registriert das und schickt nun zwei Befehle aus, einmal in den vorderen Teil der Großhirnrinde, der »Althirn« genannt wird und in dem Gefühle wie Freude oder Begeisterung aufgebaut werden.

Hier wird durch diesen Befehl die anfängliche Begeisterung schnell abgebaut und durch das Gefühl der Langeweile ersetzt.
Ein weiterer Befehl geht in den Hirnstamm, von wo aus das typische Abschalten der Aufmerksamkeit im Unterricht geregelt wird. Natürlich passiert noch viel mehr, z. B. wird auch der Hirnstamm über die im Kapitel 1 erwähnte *Reticularis* eine Müdigkeit aufbauen, die bis zum Schlaf gehen kann usw.
Das sind also alles Dinge, die so sein müssen und an denen man nicht vorbeikommt. Wer hier meint, er könne Medikamente dagegen einsetzen, der stört nur höchst natürliche Abläufe und arbeitet mit einer chemischen Keule.
Die einzige Möglichkeit war für Sie bislang, darauf zu warten, daß andere Sie motivieren, oder Sie haben Ihren Willen eingesetzt. Wie unproduktiv aber der Wille ist, können Sie in dem folgenden Schema sehen, hier durch Vektoren dargestellt.

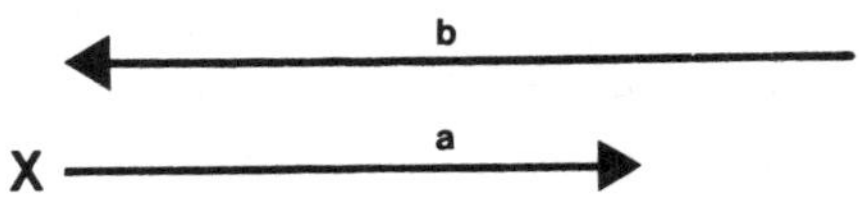

Schematische Darstellung der Motivation

In diesem Beispiel soll durch X dargestellt werden, daß ein Brief geschrieben werden muß. Der Vektor a ist Ihre Motivation. Daß er vom Briefeschreiben wegführt, zeigt Ihre Desmotivation – oder, ganz einfach ausgedrückt, Sie haben keine Lust.
Der Vektor b stellt Ihren Willen dar. Ihn setzen Sie für das Briefeschreiben ein, deshalb geht er in Richtung X. Natürlich muß b größer sein als a, damit Sie den Brief überhaupt schreiben. Aber unwirtschaftlich ist das Ganze dennoch, denn: Der Teil b, der genausogroß ist wie a, muß erst einmal aufgewendet werden, um a zu kompensieren. Erst das Stück b, das im Vergleich mit a überwiegt, bringt Sie zum Schreiben.
In dreifacher Hinsicht ist damit dieses Verfahren schlecht.

1. Ein großer Willensaufwand ist nötig, und nur wenig bleibt für das Briefeschreiben übrig.
2. Sie fühlen sich dabei unwohl, denn Sie würden am liebsten etwas anderes tun.
3. Die beiden Teile a und b, die sich gegenseitig kompensieren, lösen in Ihrem Unbewußtsein Spannungen aus, die sich, über Jahrzehnte hinweg betrieben, auf Ihre Gesundheit negativ auswirken können.

Oft kommt noch hinzu, daß das Stück Wille, das Sie einsetzen, noch nicht einmal die negative Motivation überwiegt. Dann schreiben Sie überhaupt keinen Brief, obwohl Sie mühsam mit sich gerungen haben. Meist ist dann das Resultat auch noch ein schlechtes Gewissen.

Deshalb sollen Sie in diesem Kapitel andere Möglichkeiten kennenlernen, und zwar Möglichkeiten, die so aussehen wie in der folgenden Abbildung.

Die Ideal-Motivation

Hier haben Sie nur einen Vektor, und der zeigt auf das X. Hier schreiben Sie mit Freuden einen Brief, brauchen sich nicht der Anstrengung der Selbstüberwindung zu unterziehen, und es treten keine Spannungen im Unbewußtsein auf.
Damit Sie für die Zukunft so arbeiten und lernen können, müssen wir uns noch kurz mit zwei Begriffen befassen, der Primärmotivation und der Sekundärmotivation.

Motivation kann primär und sekundär sein

Klaus und Viktor machen nächstes Jahr ihr Abitur. Beide sitzen jeden Tag über ihren Büchern und büffeln. Jeder lernt die gleichen Fächer. Beide sind für das Lernen genügend motiviert. Also geht in beiden das gleiche vor . . .
Scheint so! Stimmt aber nicht!
Klaus lernt mit einer Primärmotivation, Viktor mit einer Sekundärmotivation.
Was bedeutet das?
Ganz einfach: Klaus lernt überwiegend deshalb motiviert, weil ihm die Fächer Spaß machen. Physik, Mathematik, Biologie und Chemie waren schon immer seine Hobbys, Sprachen interessieren ihn, weil er gern in diese Länder fährt und dort mit den Leuten spricht, und ansonsten war er schon immer aufgeweckt und an vielem interessiert.
Hier herrscht eine sogenannte Primärmotivation vor. Klaus lernt, weil ihm die Fächer selbst Spaß machen.
Ganz anders bei Viktor. Ihn interessieren die verschiedenen Fächer nur wenig: Das einzige, was ihn interessiert, ist das Abitur, und das auch nur insofern, als er dann endlich seinen Wunsch erfüllen kann, Medizin zu studieren.
Hier ist also Viktor durch etwas motiviert, was als Konsequenz auf das Lernen folgt, nämlich Medizin zu studieren. In solchen Fällen sprechen wir von Sekundärmotivation.
Und wie sieht es mit Ihrer täglichen Arbeit aus? Arbeiten Sie aufgrund einer Primärmotivation, nämlich weil Ihnen die Arbeit Spaß macht, oder ist es eine Sekundärmotivation, z. B. das Geld oder die geachtete Stellung? Und wie sieht es bei Ihnen, verehrter Schüler, aus? Macht es Ihnen Spaß, zu lernen, oder ist es z. B. der Druck der Eltern oder die ver-

lockende Zukunft (»Wenn ich Arzt bin, dann bin ich mein eigener Herr, verdiene viel Geld« usw.)?
Denken Sie doch einmal darüber nach. Das ist für Sie ein wichtiger Schritt zum Verständnis des Phänomens Motivation.
Ich weiß jetzt schon, zu welchem Ergebnis Sie kommen werden. Es ist ein gesundes Gemisch von beidem. Nur das eine oder andere geht schlecht. Reine Primärmotivation würde Sie zum nicht lebensfähigen Idealisten machen, bei nur Sekundärmotivation wären Sie ein frustrierter und unzufriedener Egoist.
Soweit die beiden Formen der Motivation. Wie Sie im Abschnitt C noch sehen werden, beginnt die Motivationstechnik mit einer Motivationsanalyse und erhöht anschließend den Teil einer positiven Sekundärmotivation auf Kosten einer negativen Primärmotivation.

Die Suggestionstechnik

Ganz anders verfährt die Suggestionstechnik! Hier versuchen Sie, wie wir bereits erfahren haben, im Unbewußtsein direkt Ihre Emotionen zu

β	Motivationstechnik
α	Suggestionstechnik
REM	Suggestionstechnik
∿	———
δ	———

Die beiden suggestiblen Phasen Alpha und REM

ändern. Das geht aber nur in einer suggestiblen Phase, entweder in Alpha oder in REM. Die beiden Zonen sind hoch suggestibel und reagieren auf Suggestionen fast so stark wie ein Medium unter Hypnose (zum Thema Hypnose mehr in Kapitel 5).
Den Alphazustand erreichen Sie über Entspannungstechniken, den REM-Zustand nur im Schlaf, wie auch schon im Überblick angedeutet.

Das Fazit
Nachdem, was Sie bis jetzt gelesen haben, läßt sich folgendes Resümee ziehen:
Die Suggestionstechnik ist sehr gut zur eigenen Motivation zu gebrauchen, denn Entspannungstechniken, die Voraussetzung hierzu sind, werden die meisten Leser nicht nur kennen, sondern auch können. In den meisten Fällen wird es das autogene Training oder die Meditation sein. Fehlt die Entspannungstechnik, so läßt sie sich aber zumindest leicht erlernen, z. B. in Büchern oder Seminaren.
Zur Fremdmotivation ist die Suggestionstechnik zwar glänzend geeignet, aber von der Gesellschaftsnorm weniger akzeptiert. Denn hier müßte eine zweite Person Sie sowohl in Alpha hineinbringen als auch Ihnen die Suggestionen vermitteln. In einem solchen Fall würde der Volksmund von Hypnose sprechen, und es geht schlecht an, daß ein Chef seine Mitarbeiter oder ein Lehrer seine Schüler in bestimmten Zeitabständen immer wieder in Hypnose versetzt.
Bei der Motivationstechnik hingegen ist genau alles anders herum. Für Selbstmotivation ist sie schlechter geeignet, da sie über den Verstand läuft und demnach eine zu geringe Verlagerung der Emotionen bewirkt. (Ich möchte den sehen, den das Briefeschreiben anwidert und der sich nur mit dem Verstand zu sagen braucht: »Briefeschreiben macht Spaß!«, und dann mit Begeisterung losschreibt!)
Als Fremdmotivation läßt sie sich schon besser einsetzen. Zum einen verstößt sie dann nicht gegen die Konvention, und zum anderen läßt sich bei Fremdmotivation der Verstand des Gegenübers etwas leichter ausschalten, wodurch sie wirksam erhöht wird. (Denn wenn Ihnen Ihr Verstand sagen würde, daß Sie Ihr Chef nur deshalb lobt, weil er Sie mit Berechnung zu einer guten Arbeitsleistung führen will, dann würde eine solche Fremdmotivation automatisch wirkungslos.)
Soweit der theoretische Hintergrund. Nun zu Abschnitt C, in dem Sie lernen werden, die einzelnen Techniken anzuwenden.

C Übungen und Anwendungen in der Praxis: Die Motivationstechnik

Der Berufstätige und seine Eigenmotivation
Herr Schneider ist in einer leitenden Position eines Warenhauskonzerns tätig und hat das Problem, daß er nur sehr ungern Briefe schreibt bzw. für seine Sekretärin formuliert. Er kommt um diese Briefe nicht herum, und bis jetzt hat er sich immer mit dem Willen dazu gezwungen. Aber jetzt ist er es endlich leid, und so besinnt er sich auf eine Selbstmotivationstechnik, die er einmal in einem Buch kennengelernt hat. Er nimmt ein Blatt Papier und erstellt eine Motivationsanalyse seines Problems »Briefeschreiben«.

Diese Analyse unterteilt er in drei Bereiche, und das sieht dann folgendermaßen aus:

1. Warum schreibe bzw. diktiere ich so ungern Briefe (Primärmotivation)?
   Weil es mühsam ist
   Weil es mich an Schulaufgaben erinnert, die ich noch nie gern gemacht habe
   Weil es so viele Briefe sind
   Weil mir das Formulieren schwerfällt
   Weil ich dabei oft unter Zeitdruck stehe
2. Gibt es etwas Positives beim Briefeschreiben (Primärmotivation)?
   Mir fällt nichts ein! (Logisch, sonst würden ihm die Briefe auch leichterfallen)
3. Gibt es positive Konsequenzen durch dieses Briefeschreiben (Sekundärmotivation)?
   Der zu erwartende Vertrag mit meinem Geschäftspartner
   Auf die Dauer weitere Beförderungen
   Bin am Geschäftsabschluß finanziell mitbeteiligt
   Jeder geschriebene Brief liegt endgültig hinter mir

Nun stellt Herr Schneider fest, daß er bis jetzt nur die negativen Punkte unter Nummer 1 gesehen hat, aber niemals die positiven Aspekte von Nummer 3. Deshalb nimmt er sich von heute an vor, die Punkte unter 1 zu verdrängen und sich die Punkte unter 3 beim Briefeschreiben immer vor Augen zu halten. Er hofft, daß es ihm dadurch leichter fällt, sein Briefpensum zu erledigen.
Und tatsächlich, etwas Erleichterung bringt es ihm, daß er seine negative Primärmotivation durch die positive Sekundärmotivation ausgetauscht hat. Und mehr darf er auch nicht erwarten, denn seine Motivation läuft über den Verstand und wirkt sich deshalb nur begrenzt auf die gewünschten Emotionen aus.

Der Schüler und seine Eigenmotivation

Viktor steht 1 Jahr vor seinem Abitur. Das Lernen fällt ihm enorm schwer, und er beneidet Klaus, dem das Lernen allem Anschein nach Spaß macht und dem es auch sehr leicht fällt. Viktor hat, so ist es leider, kein Fach, das seinen Neigungen entspricht. Und so kommt er eines Tages auf eine Idee. Er nimmt sich ein Blatt Papier und schreibt eine Motivationsanalyse nieder. Und so sieht seine Analyse nach einiger Zeit aus:

1. Warum lerne ich so ungerne (Primärmotivation)?
   Weil ich so stur ohne Sinn pauken muß
   Weil ich überwiegend nur für die Schule lerne (z. B. Latein)
   Mich ödet der Leistungsdruck an (Prüfungen und Klassenarbeiten, Numerus clausus)
   Manche Lehrer kann ich nicht leiden
   Ich würde lieber schwimmen gehen oder in der Sonne liegen

2. Gibt es beim Lernen direkt etwas Positives (Primärmotivation)?
   Höchstens Schadenfreude, weil Klassenkameraden auch zu Hause sitzen und pauken (Anmerkung des Autors: ein schwacher Trost!)
3. Gibt es positive Konsequenzen durch dieses Lernen (Sekundärmotivation)?
   Ich schaffe das Abitur
   Ich kann dann endlich Medizin studieren (mein Wunschtraum)
   Ich bin dann als Arzt mein eigener Herr
   Ich verdiene gutes Geld, und Medizin interessiert mich sehr
   Ich kann medizinisch forschen (mein Wunschtraum)

Nach dieser Analyse fragt sich Viktor:
Warum halte ich mir immer nur die negativen Aspekte unter Punkt 1 vor Augen. Lernen muß ich ja auf jeden Fall, wenn ich das Abitur in der Tasche haben will. Also mache ich mir alles etwas leichter und halte mir von jetzt an alle Punkte unter 3 vor Augen, so lange, bis ich das Abitur habe.
Und siehe da, von jetzt an tat sich Viktor beim Lernen etwas leichter, wenn auch der Austausch von 3 gegen 1 bis zum Abitur aufrechterhalten werden mußte. Aber mehr kann man über den Verstand schließlich nicht verlangen!
Ich möchte Sie nun bitten, für ein oder mehrere Probleme eine solche Analyse durchzuführen und anschließend einmal auszuprobieren, wie weit Ihnen der Austausch Primärmotivation durch Sekundärmotivation hilft. Sie können sich aber nur ein Problem auf einmal vor Augen halten, sonst ist die Methode überfordert. Hängen Sie sich den Teil Sekundärmotivation sichtbar auf, so daß Sie immer daran erinnert werden, z. B. beim Briefeschreiben oder beim Lernen. Ich bin sicher, so wird Ihnen manches erleichtert.

Fremdmotivation in Schule und Beruf

Da die Fremdmotivation nicht direkt in dieses Buch hineingehört, möchte ich hier nur einen kurzen Einblick in dieses Thema geben.
1. Beispiel: Jede Führungskraft, die ihre Mitarbeiter motivieren will, kann sich heutzutage nicht mehr darauf verlassen, daß das nur mit dem Anreiz Geld zu schaffen ist. Also muß sie sich andere Möglichkeiten überlegen, und zwar Dinge, die der menschlichen Psyche nahekommen.
So z. B. muß eine Führungskraft den anderen verstehen und ihm das zeigen, Erfolgserlebnisse vermitteln, ihn z. B. loben, anerkennen, ihm seine Erfolge vor Augen führen usw.
Sie muß dem anderen Verantwortung geben, hinter ihm stehen, auch bei Krisen, und vieles andere mehr.

Wenn Sie solche Techniken interessieren, dann lesen Sie Bücher oder besuchen Seminare mit den Themen: »Gesprächsführung«, »Konferenztechnik« oder »Führen durch Motivation« oder »Mitarbeiter erfolgreich delegieren«.
Im allgemeinen werden solche Themen unter dem Gesamttitel »Rhetorik« angeboten, oft aber auch unter dem Gesamttitel »Richtig führen«.
2. Beispiel: Für das Verhältnis von Lehrer und Schüler gelten die gleichen Regeln.
Der Lehrer muß den Schüler loben, ihm Verständnis zeigen, auf seine Probleme eingehen (auch wenn sie privater Natur sind), für ihn Zeit haben, muß den Unterrichtsstoff in einer Einteilung vermitteln, daß die Schüler im richtigen Verhältnis Erfolgserlebnisse haben und vieles andere!

Soweit die Einführung in die Fremdmotivation: nun die wirkungsvollere Art der Motivation, die Suggestion.
Vorher aber an dieser Stelle wieder unsere Checkliste, die Ihnen den Umgang mit den einzelnen Techniken erleichtern soll:

Checkliste Selbstmotivation über Verstand
Bitte wieder alle Punkte beachten!

1. Ein Problem (das wichtigste) herausgreifen
2. Motivationsanalyse durchführen nach A: negative Primärmotivation; B: positive Primärmotivation; C: positive Sekundärmotivation
3. Die Aspekte von C und, falls vorhanden, von B vor Augen halten
4. Am besten C und B sichtbar aufhängen (z. B. am Schreibtisch)
5. Einige Zeit später nach eigenem Ermessen das Problem Nummer 2 analysieren usw.

Die Suggestionstechnik

Der suggestible Zustand

Jeder Befehl, jeder Wunsch oder jede Suggestion, die man in einem suggestiblen Zustand auf sein Unbewußtsein einwirken läßt, macht sich bereits nach einigen Wiederholungen (etwa zwanzig Wiederholungen über zwanzig Tage verteilt) als echte Verhaltensänderung bemerkbar. Das ist gar nicht so erstaunlich, denn echte Verhaltensänderungen erfolgen im Unbewußtsein, andere Möglichkeiten bringen weniger Erfolg. Dazu müssen Sie erst einmal in der Lage sein, sich selbst in einen suggestiblen Zustand zu bringen. Das kann auf verschiedene Arten geschehen.

Eine gute Möglichkeit ist das autogene Training. Aber Vorsicht, man hat festgestellt, daß viele Menschen, die autogenes Training erlernt haben, sich nicht in dem Zustand befinden, in dem sie sich zu finden glauben. In einer tatsächlichen echten Entspannung geht die Großhirnrinde in den Alphazustand über, und gerade dieser Zustand ist bei vielen angeblichen Könnern des autogenen Trainings nicht festgestellt worden. Man kann darüber geteilter Meinung sein, ob nicht schon eine vermeintliche Entspannung allein schon durch den Glauben bei einer Reihe von Problemen hilft, für unser Suggestionstraining aber steht fest: Wir brauchen den Alphazustand, um Motivationsveränderungen herbeizuführen. Meditation bildet dazu auch eine gute Möglichkeit, aber auch hier wird der Alphazustand von den meisten nur eingebildet und nicht tatsächlich erreicht. Weitere Möglichkeiten, um den Alphazustand zu erreichen, sind Hypnose, die eine zweite Person mit Ihnen durchführt, Silver-Mind-Control, bei der der Alphazustand über Farben und Zahlen erreicht wird, und die elektronische Entspannung, die in dem Institut, das der Autor leitet, in Seminaren Anwendung findet.
Durch diese elektronische Entspannung wird der Alphazustand bereits nach 3 Stunden Grundtraining erreicht und kann von diesem Zeitpunkt an immer innerhalb von 10 Sekunden durch ein Stichwort selbst herbeigeführt werden (hierzu noch mehr am Ende dieses Kapitels).

Das Eingeben der Ziele und Wünsche

Legen Sie sich auf Ihr Bett, Ihre Couch, oder setzen Sie sich zumindest bequem hin. Dann versenken Sie sich mit der Ihnen eigenen Methode in die Entspannung. Nach kurzer Zeit sind Sie dann in Alpha und können mit den Suggestionen beginnen. Ich hatte im Kapitel 1 bereits erwähnt, daß das Unbewußtsein in der Großhirnrinde sitzt. Damit Sie möglichst einen großen Teil Ihres Unbewußtseins erreichen, müssen Sie mehrkanalig arbeiten. Mehrkanalig heißt, daß Sie die Suggestion sowohl in Worten als auch in Bildern und in Emotionen eingeben. Hierbei wird der größte Teil Ihrer Großhirnrinde aktiviert. Das machen Sie Tag für Tag ca. 5 Minuten lang, und zwar immer mit dem gleichen Problem. Erst dann, wenn Sie der Meinung sind, daß Ihr momentanes Problem bereinigt ist (z.B. nach drei Wochen), dann nehmen Sie sich das nächste Problem vor. Durch zwei oder mehr Probleme gleichzeitig oder zu kurzfristig hintereinander würde die Suggestionstechnik überfordert.
Nehmen wir dazu wieder das Beispiel unseres leitenden Angestellten, Herrn Schneider, der ja bekanntlich ungern Briefe schreibt, und unseres Schülers Viktor, der nur ungern für das Abitur lernt.
Beginnen wir mit Herrn Schneider: Er beherrscht das autogene Training und hat dadurch gute Voraussetzungen, in den Alphazustand zu kommen. Sobald er sich in ihm befindet, läßt er sich die konkrete Situation,

in der er Briefe schreibt, vor seinem geistigen Auge ablaufen. Sofort spürt er, wie diese Situation von einem Unlustgefühl begleitet wird. So war es immer bislang, so soll es aber nicht bleiben.
Deshalb stellt sich Herr Schneider vor dem geistigen Auge vor, wie er voller Begeisterung Briefe schreibt. Er sieht sich, wie er zügig einen Brief nach dem anderen schreibt, und er simuliert dabei die Empfindung »Begeisterung«.
Dabei übertreibt er ein bißchen, denn er weiß, daß die tatsächlichen, echten Empfindungen, die hierdurch bei ihm von Tag zu Tag anwachsen werden, insgesamt etwas schwächer sein werden als die vorgestellten Empfindungen.
Je mehr er also übertreibt, desto stärker wird später die hieraus entwickelte Empfindung und damit Motivation sein. Natürlich muß das Ganze glaubhaft sein. Wenn die Gefahr besteht, daß irgend etwas einen lächerlichen Anschein hat, dann versagt die Suggestionstechnik. Das gilt auch für die generelle Art und Weise, wie Sie an eine solche Suggestion herangehen. Nur wenn Sie diese Technik innerlich bejahen, dann wird sie auch wirken. Tun Sie das nicht, dann bauen Sie automatisch eine Gegensuggestion auf.
Inzwischen sind 5 Minuten um, und Herr Schneider hat sich immer wieder die gleiche Situation vorgestellt – in Bildern und Emotionen. Er beendet nun die Entspannungsübung und wiederholt sie in der gleichen Weise am nächsten Tag. Ebenso am dritten Tag, dann am vierten Tag usw., so lange, bis er mit dem Resultat zufrieden ist.
Das Gleiche macht auch Schüler Viktor. Auch er bringt sich in den Alphazustand, vielleicht diesmal durch Meditation.
Sobald er ihn erreicht hat, beginnt auch er, sich in Bildern und Emotionen seine konkrete Lernsituation vorzustellen. Er sieht sich an seinem Schreibtisch, wie er lernt, wie er z. B. Vokabeln paukt oder mathematische Aufgaben durchrechnet. Dabei stellt er sich immer wieder vor, wie ihm dieses Lernen erstaunlich zügig von der Hand geht (visuell) und wie er dabei das Gefühl der Begeisterung empfindet (Emotionen). Auch Viktor übertreibt, weil er weiß, daß man in der Realität immer einige Abstriche machen muß. Dabei konzentriert er sich 5 Minuten in Alpha auf diese Suggestionen. Er wiederholt dies so lange, bis er mit dem Resultat zufrieden ist.
Soweit die Wirkung von Bildern und Emotionen. In Kapitel 6, »Lerntechniken, Gedächtnis- und Konzentrationstraining«, werden Sie noch sehen, wie stark Bilder und Emotionen auch dann auf die Großhirnrinde einwirken können, wenn es um das Gedächtnis geht.

Worte können Suggestionen verstärken

Bilder und Emotionen wirken bereits perfekt für die Motivation. Dennoch kann man mit Worten diesen Effekt weiter verbessern.

Diese Worte werden allgemein als Befehlssätze oder formelhafte Vorsätze bezeichnet. Nehmen wir dazu wieder das Beispiel »Herr Schneider und Briefeschreiben«. Sein Problem in Worte gefaßt, würde lauten: »Ich schreibe ungern Briefe.«
Wenn wir mit den Suggestionen das gewünschte Gegenteil erreichen wollen, dann müssen wir den Inhalt dieser Worte ins Gegenteil verkehren. Aber: Wichtig ist immer eine positive Darstellung des Problems. Falsch wäre demnach der Satz: »Ich schreibe nicht mehr ungern Briefe.«
Bei einer solchen Formulierung ist das Unbewußtsein überfordert. Es würde die logische Konstruktion »nicht« ausklammern und den Satz folgendermaßen interpretieren: »Ich schreibe mehr ungern Briefe.« Der beste Fall, der hier meistens auftritt, ist, daß ein solcher Satz überhaupt keine Wirkung zeigt. Im schlechtesten Fall tritt sogar das unerwünschte Gegenteil auf, nämlich daß Herr Schneider das Briefeschreiben noch mehr verabscheut.
Also: Eine positive Formulierung tut not. Unser Satz könnte dann so heißen: »Ich schreibe gern Briefe«, oder: »Ich schreibe begeistert Briefe« usw. Um zeitlich und örtlich ungebunden zu sein, bringen Sie die beiden Worte immer und überall mit hinein. Die optimale Formulierung lautet: »Ich schreibe immer und überall gern Briefe«, bzw.: »Ich schreibe immer und überall begeistert Briefe.«
Während also Herr Schneider sieht und fühlt, wie er begeistert Briefe schreibt, begleitet er diese Vorstellung mit der gleichzeitigen gedanklichen Formulierung: »Ich schreibe immer und überall begeistert Briefe; ich schreibe immer und überall begeistert Briefe; ich schreibe immer und überall begeistert Briefe.« usw.
Das Gleiche gilt natürlich auch für Viktor. Seine Formulierung könnte so lauten: »Ich lerne immer und überall begeistert für mein Abitur!«
Warum hilft diese begleitende Mitformulierung in Gedanken? Das ist sehr schnell erklärt. Natürlich erreichen Sie durch solche Worte einen Teil Ihrer Großhirnrinde, der durch Bilder und Emotionen nie zu erreichen wäre, nämlich den akustischen. Aber das ist noch nicht das Wichtigste. Viel wichtiger ist – hervorgerufen durch die ständige Wiederholung der positiven Formel – die Möglichkeit für Ihr Gehirn, sich an immer die gleiche Situation bei der Suggestion zu klammern. D. h., daß Bilder und Emotionen zwar recht tief dringen, aber Ihre monotone Wiederholung schwerfällt; die Worte jedoch nicht so tief dringen, aber hier wiederum die monotone Wiederholung wesentlich leichter fällt. So also ergänzt das eine das andere in seiner Wirkung.

Formulieren Sie Ihr Problem

Durch die folgende Tabelle sollen Sie Übung darin bekommen, Ihr spezielles Problem in einem Satz positiv zu formulieren. In bezug auf die Bilder und Emotionen brauchen wir das nicht zu üben, denn dabei, daß Sie die gewünschte Situation in positiver Form sehen und empfinden, kann man nichts falsch machen.

Problem	*Positive Formulierung*
Nervös	Ich bin immer und überall ruhig und gelassen
Lampenfieber beim Sprechen	Beim Sprechen bin ich immer und überall die Ruhe selbst
Unzufrieden	Ich bin immer und überall zufrieden, und es geht mir gut

Bitte schauen Sie sich die ersten drei Beispiele an, und notieren Sie dann ebenfalls drei oder mindestens zwei Ihrer Probleme in dieser Art.

Hier drei weitere Probleme:

Wie Sie sehen, habe ich in zwei Fällen die positive Formulierung durch zwei Begriffe verstärkt. Das können Sie immer dann tun, wenn dadurch der Satz nicht zu lang oder zu holprig wird. Die Wirkung verbessert sich in vielen Fällen.
Soweit die Selbstmotivation durch eine Suggestionstechnik. Auf die Darstellung der Fremdmotivation verzichte ich in diesem Kapitel, weil sie, wie schon bei Abschnitt B, »theoretischer Hintergrund«, erwähnt, nichts anderes ist als die landläufige Hypnose. Und es geht schlecht an, daß der Chef seine Mitarbeiter bzw. der Lehrer seine Schüler in Hypnose versetzt. Im übrigen behandeln wir Hypnose im Kapitel 5.

Jetzt wieder die Checkliste, die Ihnen die Durchführung der Suggestionstechnik erleichtern soll:

Checkliste Selbstmotivation über Suggestion
Bitte alle Punkte beachten!

1. Sich durch autogenes Training, Meditation oder ähnliches in Alpha bringen
2. Durch Bilder und Emotionen Probleme in positiver Form wiederholt durchspielen
3. Übertreibungen verstärken die Wirkung
4. Formelhafte Vorsätze verstärken ebenfalls die Wirkung
5. Pro Suggestionsperiode 5 Minuten
6. Einmal am Tag wiederholen
7. Drei Wochen einkalkulieren, bis Problem gelöst ist
8. Innerliches Bejahen der Technik ist unerläßlich, sonst tritt eine Gegensuggestion auf
9. Erst nach Lösung des ersten Problems das zweite in Angriff nehmen, sonst wird die Methode überfordert

Zum Schluß dieses Kapitels die Darstellung eines Seminars »Selbstmotivation«, wie es in unserem Institut von einem Mitarbeiter durchgeführt wird.
Die einzelnen Teilnehmer, bis zu zwölf Personen, liegen bequem auf dem Boden, in weiche Decken eingehüllt, damit sie nicht frieren, wenn sie längere Zeit still auf dem Boden liegen und der Kreislauf verlangsamt ist.
Jeder hört in einem Kopfhörer Musik, die von Worten des Dozenten begleitet wird. All das, was der Dozent sagt, sollen sich die Teilnehmer lokker und nicht verkrampft vorstellen.
Zuerst beginnt der Seminarleiter, unterstützt mit der passenden Musik, mit einer Reise durch die Evolution der Menschheit und anschließend durch das eigene Leben.

Protokoll des Seminars »Motivation, Selbstmotivation«
am 5./6. 12. 1981 in Düsseldorf
Dozent: Rolf Dieter Zens.

Sie versuchen, vom Alltag ein wenig wegzukommen. Machen Sie es sich deutlich, lassen Sie Ihre Gedanken fliegen, vielleicht kommen Emotionen. Sie brauchen sich überhaupt nicht anzustrengen, bei einer bestimmten Sache zu bleiben. Sie lassen sich – so gut es geht – von der Musik und von meiner Stimme führen.
In der ersten Übung, die wir machen, sage ich hin und wieder ein Wort,

und dieses Wort führt dazu, daß Sie vielleicht bestimmte Gedanken bekommen, Erinnerungen bekommen. Die lassen Sie zu, ohne sich zu zwingen, dabeizubleiben. Wenn irgend etwas anderes geschieht, geschieht halt was anderes.
Bei der zweiten Übung – dazwischen lasse ich Sie mindestens 5 Minuten ganz in Ruhe –, bei der zweiten Übung gebe ich etwas mehr vor. Wir üben ein wenig unsere Vorstellungskraft. Wir versuchen, bestimmte Bilder zu sehen, die ich Ihnen vorgebe.
Aber auch bei der zweiten Übung wird viel Freiraum für Ihre Phantasie sein. Sie können dabei ganz kreativ sein. Auch bei der zweiten Übung gilt die Regel, daß Sie sich zu nichts zwingen. Wenn Sie bei meiner Stimme nicht bleiben können, dann ist das auch nicht schlimm.
Sie sind ab jetzt ganz für sich allein. Und wir beginnen jetzt mit der ersten Übung. Sie werden eine Musik hören. Vielleicht begeben Sie sich schnell in diese Musik hinein. Aber zwingen Sie sich nicht. Und meine Wörter benutzen Sie nur als Sprungbrett für die Bilder.
Nehmen Sie nun Ihren rechten und linken Zeigefinger und legen beide Zeigefinger rechts und links ganz vorsichtig auf Ihre Augen. Dort werden die Zeigefinger die ganze Zeit bleiben. Geben Sie nun einen ganz, ganz leichten Druck auf die Augen, und beginnen Sie mit einer leichten, aber stetigen Reibung. Sie werden jetzt Sternchen bemerken. Aber das wird sich gleich ändern. Machen Sie diese körperliche Variante unserer Übung immer weiter.
Lassen Sie sich nun von der Musik und meiner Stimme führen.

Ein unendlich langer Gang.

Ein unendlich langer Gang.

Die Schlange in der Rosenblüte.

Die Schlange in der Rosenblüte.

Eine Elfe auf einer großen Träne.

Eine Elfe auf einer großen Träne.

Gelb.

Gelb.

Angst.

Angst.

Ja, ich hoffe.

Ja, ich hoffe.

Mein geliebtes Riesenrad.

Mein geliebtes Riesenrad.

Ach, ach die Sehnsucht.

Die Zeit geht. Es verändert sich.

Die Zeit geht. Es verändert sich.

Meine Schritte sind schnell.

Meine Schritte sind schnell.

Die letzte Straßenbahn.

Die letzte Straßenbahn.

Hallo Du. Hallo Du.

Hier bin ich.

Hier bin ich.

Unendlich langer Gang.

Unendlich viele Stufen.

Unendlich langer Gang.

Unendlich viele Stufen.

Nehmen Sie nun Ihre Zeigefinger von den Augen, und legen Sie Ihre Arme rechts und links von sich weg, und bleiben Sie ganz ruhig und lassen alle Gedanken zu, die noch in Ihrem Kopf sind.
Bitte beginnen Sie, ein wenig mit Ihren Zehen zu spielen, auch im Schuh. Bewegen Sie ein wenig Ihre Beine, so daß die Waden auf den Boden kommen, hin und her! Kontakt zum Boden! Spielen Sie jetzt mit Ihren Fingern! Räkeln Sie jetzt Ihre Hand! Heben Sie jetzt beide Arme

senkrecht nach oben! Atmen Sie tief durch, und schütteln Sie die Arme, bitte! Öffnen Sie Ihre Augen!
Schließen Sie nochmal kurz Ihre Augen und öffnen sie dann wieder! Und richten Sie sich nun langsam auf! Wir machen jetzt für einige Minuten das Licht an.
Sie selber sollten die nächsten Minuten benutzen, um vielleicht aufzustehen, wenn Sie das wollen, und sich körperlich etwas zu bewegen. Vielleicht sogar eine Kniebeuge machen, wie auch immer Sie wollen.

(5 Minuten später:)
Nun legen Sie sich wieder hin, schließen die Augen und entspannen sich.

(Jedem wird eine Münze auf die Stirn gelegt.)

Es ist an einem Tag, ganz früh am Morgen. Erstaunlicherweise erwachen Sie und liegen an einem wunderschönen Strand. Die Sonnenstrahlen glitzern im Meer. Es ist wohlig warm. Sie fühlen sich so wohl, daß Sie nicht weiter darüber nachdenken, wie Sie an diesen Strand gekommen sind.
Und Sie sind bereit, das wunderbare Angebot dieser Stunde wahrzunehmen! Das Angebot, in einem wunderschönen Flug die Zeit zu überwinden.

Und du spürst, wie deine Stirn sich öffnet und aus dir heraus ein Ballon steigt in den blauen Wind, der Sonne entgegen. Du steigst auf, sitzt wohl und zufrieden – voller wunderbarer Spannung – in dem Korb des Ballons und schwebst dahin. Unendlich sicher.
Jenseits aller Gefahr. Jenseits aller Ängste. Du schwebst zwischen Himmel und Erde. Und die Dimensionen lösen sich auf. Und ohne daß du das geringste zu befürchten hättest, schaust du hinab auf die große Kugel, die Erde heißt. Du schwebst in die Zeit hinein vor 4 ½ Milliarden Jahren. Eben ist sie entstanden, die Erde. Aus der Geborgenheit deines schwebenden Korbes schaust du hinunter und siehst riesige Meere. Und riesige Wälder. Unendliches Blau und tiefes, tiefstes Grün. Und wohl und geborgen schwebst du dahin. Noch regt sich nichts auf dieser Erde. Und du siehst, wie sich das Wasser bewegt und wie das Land sich bewegt. Und eben, wo noch Wasser war, siehst du jetzt einen riesigen Urwald. Und eben dort, wo noch Land grünte, ist jetzt ein tiefblauer Ozean. Ganz leicht vorbei saust der Wind. Unendlich wohl und ruhig fühlst du dich bei dem Flug durch die Zeit der Welt.
Und viele, viele 100 Millionen Jahre sind vergangen, und du schaust hinunter und siehst jene großen, großen Tiere, die später die Menschen die Dinosaurier nennen werden. Aus dem Wasser steigen große Reptilien.

Manche siehst du miteinander kämpfen. Manche siehst du groß und mächtig auf einer Lichtung stehen. Ganz sicher bist du – zwischen Himmel und ihnen schwebst du dahin. Und viele, viele Millionen Jahre vergehen. Dort, wo Land war, siehst du Wüsten von Eis. Und es tobt über der Welt ein großer Sturm, und die Leben vergehen – und einsam, ganz einsam liegt unten die Welt, die du aus deiner wohligen Geborgenheit sicher und ruhig betrachten kannst.
Es versinken Länder, es versinken riesige Wälder in Meer und Eis. Und dort fliegen Hitzewellen über die Welt dahin und vernichten die bisher so wichtigen Leben.
Und Millionen Jahre, Millionen Jahre schwebst du dahin. Deinen forschenden ruhigen Blick auf die Erde da unten gerichtet. Im Herzen eine wohlige Leere. Alles hinein läßt du, weil nichts an Gefahr droht. Und aus den Meeren heraus siehst du neues Leben entstehen. Und neue Wälder und Savannen, Wüsten und Wiesen entstehen, um mit dem Meer neues Leben zu gebären. Es wachsen die Blumen – die Farben der Welt. Und in den nächsten Millionen Jahren – so siehst du – entstehen die tausend, die tausend Arten, die vielen Tiere, die es heute noch gibt – heute, 1000 Millionen Jahre später.
Und du siehst, wie sich die Tiere der Welt auf ihr verbreiten, diese von da nach dort ziehen – und jene an den grünen Ort des Lebens sich begeben. Millionenmal geht die Sonne auf und unter.
Einige Arten siehst du verschwinden von der Welt und neue entstehen.

Du bist erstaunt und recht gespannt, als dort unten eine neue Art entsteht:
Lebewesen, die sich erheben – noch mit Fell behangen, am Morgen dennoch aufrecht stehend, die grüne Höhle verlassend, die du dort unten siehst.
Eine Horde – ganz anderer Art, als du bisher gesehen hast. Der Nebel steigt – du siehst die frühen Jäger den Stamm verlassen, wie sie – gebückt – durch das hohe Gras der Urzeit schnell und gezielt sich auf ein Tier zubewegen, und blickst hinüber zur Höhle, die einen unendlich großen Eingang hat.
Wie die Frauen dort hocken – arbeiten –, vorbereiten, auf die Heimkehr der Männer wartend.
Der Abend – die Heimkehr –, du siehst die untergehende Sonne – und du lauschst in die Stille der beginnenden Nacht –, die Fetzen der Strahlen, bis der Mond aufgeht und deine Augen die Welt für kurze Zeit verlassen müssen.
Und du schwebst durch die Zeit – und du ahnst, daß es weitergeht.
Sie ändern sich, und sie werden mehr. Der Stamm geht unter . . . und du siehst am anderen Zipfel der Welt sich einen neuen Stamm aufrichten . . . mit anders geformter Stirn . . . schon betend . . . schon den Tod gefunden . . . schon erzitternd in Angst vor der Willkür der Natur . . .

schon die Hoffnung, sie zu überwinden. Sie kommen und gehen im unendlichen Wandel der Zeit. – Und du fliegst hinein in die lichte Zeit der ersten großen Kulturen.
Dein Ballon wiegt im Wind – und unten siehst du die weiß gekleideten Gestalten in Athen. Oder die Hethiter oder die Sumerer.
Du siehst den Marktplatz und hörst die Gespräche der Philosophen.
Hörst sie leise an dein Ohr kommen; die Worte nie mehr vergessend – schwebst du dahin.
Und du siehst die Babylonier und die Assyrer ... du siehst Alexander auf seinem großen Pferd ... und du siehst Ares an der Spitze eines unendlichen Heeres. Und du siehst die hölzerne List des Odysseus mitten in einer Stadt, die Troja hieß.
Es ist eine Zeit, wo die Sonne unendlich heiß ist – und du siehst, wie die Menschen sich lieben und hassen und sich streicheln und schlagen.
Und du siehst die einen gebückt und die anderen aufrecht – die einen am Pflug, und die anderen sitzen warm in den Thermen. Ein Kaleidoskop der großen Kulturen – der Riege des Geistes –, und so fliegst du, und so fliegst du. Und siehst unten das Märchen – das große Märchen des aufrechten Ganges.
Du fliegst hinein, hinein in eine Zeit – die man die Zeit nach Christus nennt. Du fliegst hinein in die Zeit, die man das finstere und dunkle Mittelalter nennt.
Du siehst dunkle Burgen am Rhein ... du siehst Ritter ... du siehst die großen Schwerter der Zeit ... oder du schaust in das Land, wo die Sarazenen wohnen.
Oder du schaust auf das Meer, wo Schiffe gen neue Lande fahren.
Es ist eine Zeit der Finsternis – eine Zeit, wo viel vergeht an Kultur und Geist.
Ruhig und besonnen schaust du hinunter und verfolgst dort die Grausamkeit. Auch das ist die Zeit der Menschen ... alles kommt ... alles geht. Alles kommt, und alles geht.
So kommt auch die Zeit – so siehst du von deinem luftigen Ort –, in der sie wieder da unten entdecken ... was des Geistes und des Mutes ist.
Du siehst, wie sie die Papiere der alten Griechen entdecken und lesen.
Und du siehst Männer – wie sie sich abwenden von dem Dogma der Zeit.
Wie sie forschen und beschreiben, was die Wirklichkeit ist.
Wie sie ausgestoßen werden aus der Wahrheit.
Aber wie sie sich nicht abbringen lassen ... zu entdecken ... zu forschen. Die Wahrheit zu finden über Gestirn und Erde ... über Leben und Sein ... über Entstehung und Tod.
Du fliegst durch die Zeit der Aufklärung in neue Jahre der Wirrnisse hinein.
Als die alten Formen der Macht bröckeln, Revolutionen den Erdteil erschüttern, so siehst du dort unten die Einrichtung der neuen Zeit.

Und du fliegst in die Zeit, in die Nähe, wo ein kleines Mädchen geboren wird.
Und wo an einer anderen Stelle . . . ein kleiner Junge geboren wird.
Das Mädchen wird später deine Mutter sein und der Junge wird später dein Vater sein.
Und du siehst das Mädchen, wie es größer wird.
Und du siehst den Jungen, wie er größer wird.
Und beide sind voneinander noch weit entfernt.
Doch hinabschauend – von dem Ballon . . . der durch die Zeit des Lebens führt –, siehst du im Zeitraffer, wie diese beiden Menschen aufeinander zugehen.
Das Mädchen wird zur jungen Frau.
Der Junge wird zu einem jungen Mann.
Und du siehst, wie sie schon nah beieinander sind, noch die letzten Schritte gehen müssen, um sich zu finden. Und du siehst, wie die Menschen, die deine Eltern sein werden, sich zum ersten Mal die Hände reichen. Und du siehst, wie sie im Herzen, in Zukunft und Vergangenheit, Glück und Leid schon gespeichert haben.
Und wir fliegen an die Stunde deiner Entstehung.
Du siehst, wie sich Frau und Mann vereinigen.
Und siehst noch einmal und schaust tief hinein in diese Menschen, ob du willkommen sein wirst oder nicht, ob du gewünscht bist oder nicht.
Und du fliegst durch die Zeit in der warmen Geborgenheit des Korbes unter der Sonne. Durch die Monate im Leib deiner Mutter.
Und du fliegst heran an den Tag, als sie sich hinlegt, daß du das Licht der Welt erblickst.
Und noch einmal fliegst du in der ruhigen Besonnenheit dieser Stunde, durch den Gang, der dich an die Wirklichkeit bringt.
Und du siehst, wie du auf dieser Welt empfangen wirst. Vielleicht in Freude, vielleicht auch in Ablehnung. – Du spürst noch einmal die mütterliche Liebe – oder auch ihre Schwäche, dich zu lieben.
Und wir fliegen in die Zeit, wo Vater und Mutter noch bei dir sind oder vielleicht schon auseinander sind. Und in die Zeit, in der du aufrecht gehst, als wären Milliarden Jahre der Entwicklung in dir zusammengeschlossen. Und du wirst vier und fünf und sechs. Und es kommt der Tag, und du siehst dich in die Schule gehen. Neue Menschen treten in dein Leben – und die Schritte werden schneller und schneller. Immer schneller. Und du wirst zehn und elf, und es kommt der Tag, und du merkst, daß es ein anderes Geschlecht gibt – es kommt der Tag der ersten Freundschaft.
Es kommen die Tage der Liebe, des Hasses, der Hoffnung . . . der Sehnsüchte . . . die Tage der Niederlagen – alle Farben deines Lebens siehst du vorbeifliegen. Du siehst sie vorbeiziehen – die Gesichter deines Lebens. Spürst das Pochen deines Herzens. Die Erwartung der Zukunft.

Du siehst – ganz schnell vorbeiziehen bei dem Flug durch die Zeit – die letzten Jahre. Du spürst – wie der Ballon sich senkt, und daß du bald landen wirst. An jenem Strand. Du erinnerst dich, wo du heute morgen aufgewacht bist – und aufgestiegen bist . . . zum großen Flug durch die Zeit. Dort legst du dich hin und wartest, wartest . . .
Ich werde jetzt gleich zu Ihnen kommen und Ihnen die Münze von der Stirn nehmen. Danach haben Sie alle Bilder verlassen, Sie werden sich räkeln, die Augen öffnen, ganz langsam, so wie es Ihnen behagt. Ganz, ganz langsam werden Sie in diesem Raum sein, sich bewegen und ganz, ganz langsam aufstehen.

Aufgrund dieser Reise werden erst einmal Spannungen abgebaut, die den späteren Alphazustand stören können, außerdem gewinnen die Teilnehmer Abstand zum beruflichen Alltag.
Danach spricht der Dozent, über ein Echo verstärkt, auf die Teilnehmer ein und verhilft ihnen damit, in den Alphazustand zu gelangen. Insgesamt vergehen etwa 3 Stunden, und dann haben alle Teilnehmer den Endzustand des autogenen Trainings erreicht, für den man unter normalen Bedingungen sechs bis acht Wochen braucht. Dieser Entspannungszustand wird dann an die Teilnehmer übergeben, d. h., jeder ist jetzt durch ein Stichwort selbst in der Lage, innerhalb von ca. 10 Sekunden in diese Entspannung zu gelangen.
Jetzt kann die eigentliche Selbstmotivation beginnen, und zwar so, daß die schon geschilderten Bilder, Emotionen und Worte speziell für jedes einzelne Problem der Teilnehmer aufgebaut und verarbeitet werden.
Nach Abschluß dieses Seminars ist dann ein Problem über die Suggestionstechnik gelöst, und die Teilnehmer nehmen die Fähigkeit mit nach Hause, weitere Probleme entsprechend zu lösen.
Die Fähigkeit, aufgrund eines solchen Stichwortes in kürzester Zeit in Alpha zu gelangen und sich dort zu motivieren, bleibt in der Regel für viele Jahre erhalten.

5. Hypnose und Selbsthypnose

A Überblick

Hypnose ist anders

Wenn das Wort Hypnose fällt, dann jagt vielen ein kalter Schauer über den Rücken. Sie denken an Filme, in denen ein Hypnotiseur seine Mitmenschen in die Gewalt bringt, um sie für seine dunklen Machenschaften auszunutzen. Kaum einer sieht bei diesem Wort einen vertrauenerweckenden Arzt vor sich, der mit dieser Kraft Menschen hilft und Krankheiten lindert. Dabei ist Hypnose in den Händen von Ärzten sehr verbreitet und wird dort häufiger angewendet, als mancher glaubt. Hypnose hat auch nicht die Fähigkeiten, die man ihr zuschreibt. Mit Hypnose läßt sich Erstaunliches zuwege bringen, aber man wird nur schwerlich anderen Menschen den eigenen Willen aufzwingen können.

Ziel und Erfolg

Hypnose ist laut Definition eine gesteuerte Veränderung des Wachbewußtseins. Damit unterscheidet sie sich vom Schlaf. Hier handelt es sich zwar auch um eine Änderung des Wachbewußtseins, aber sie ist nicht gesteuert, sondern läuft als Automatismus ab. Wird diese Veränderung von außen her gesteuert (z.B. durch einen Hypnotiseur oder ein Tonband), dann spricht man im allgemeinen von Hypnose. Kommt die Steuerung vom Medium selbst, dann spricht man von Selbsthypnose.
Unter die Definition »gesteuerte Veränderung des Wachbewußtseins« fallen demnach auch andere Methoden wie autogenes Training oder Meditation. Da der Betreffende in der Regel diese Methode mit sich selbst durchführt, also selbst steuert, liegt hier eine Selbsthypnose vor. Bei autogenem Training und Meditation ist schon hinlänglich bekannt, daß man hiermit viele Vorteile erzielen kann – wie z.B.: ausgeglichen werden, Probleme besser verarbeiten oder auch leichter lernen.

Mit Hypnosetechniken läßt sich ähnliches erzielen, bei Selbsthypnose etwa in der gleichen Weise wie durch autogenes Training und Meditation. In allen drei Fällen handelt es sich ja um eine Selbststeuerung zur Veränderung des Wachbewußtseins, nur sind die Wege grundverschieden.
Bei der Hypnose durch einen Hypnotiseur läßt sich noch viel mehr erreichen, positive Lernvorsätze können hier z. B. wesentlich stärker intensiviert werden als bei Selbsthypnose. Der Grund ist einfach: Während Sie bei Ihrer Selbsthypnose Ihr Wachbewußtsein verändern, kommen Sie an den Punkt, wo Sie nicht mehr tiefer in Selbsthypnose sinken können. Denn die Steuerung der Selbsthypnose erfolgt über Ihr Wachbewußtsein, und das wird in seiner Tätigkeit immer stärker eingeengt, je tiefer Sie in Selbsthypnose sinken. Irgendwann pendeln Sie dann auf ein gewisses Limit ein. Das gleiche gilt für autogenes Training und Meditation und andere verwandte Methoden.
Ganz anders bei der Hypnose. Das Wachbewußtsein des Hypnotiseurs bleibt hierbei unbeeinflußt, und es ist in der Lage, das Medium wesentlich tiefer zu steuern, als es bei Selbsthypnose möglich ist.
Um Selbsthypnose und Hypnose geht es in diesem Kapitel, wobei Hypnose den Schwerpunkt bildet. Sie werden erfahren, wie man diese beiden Techniken zum besseren Lernen benutzen kann.
Vorher lernen Sie aber noch sechs Vortests kennen, mit denen Sie testen können, ob ein Medium zur Hypnose geeignet ist.

Zeitaufwand

Hypnose: Für die sechs Vortests brauchen Sie bei jeder erneuten Anwendung etwa eine Stunde. Zum Lernen dieser Tests benötigen Sie keine Zeit. Für einen Hypnoseversuch reichen 30 Minuten gut aus. Da Sie diese Hypnose bereits während der Anwendung erlernen, entfällt auch hier die Vorbereitungszeit. Ob ein solcher Versuch dann klappt, hängt stärker von dem Medium ab als von Ihnen selbst.
Selbsthypnose: Hier entfallen die Vortests. Allerdings ist die Selbsthypnose ähnlich langwierig zu erlernen wie autogenes Training oder Meditation. Sie müssen mit mindestens zwei Wochen rechnen – bei täglich 1 Stunde. Die spätere Anwendung dauert dann pro Selbsthypnosesitzung je nach Bedarf zwischen 10 und 20 Minuten.

Material

Hypnose: Sie benötigen einen Bindfaden von ca. 30 cm Länge und ein kleines Gewicht wie z. B. einen Ring, eine Büroklammer oder eine Schraube. Darüber hinaus ein Blatt Papier, einen ruhigen Raum, einen Tisch und eine Möglichkeit zum Sitzen.

Selbsthypnose: Auch hier sind ein ruhiger Raum wichtig und die Möglichkeit zum bequemen Sitzen, noch besser ist eine Möglichkeit zum Liegen.

Besondere Bemerkungen

Beide Methoden sind geeignet für Berufstätige und Schüler, allerdings nicht unter 15 Jahren, da auch hier Voraussetzung ist, daß sich die Betazone bereits genügend entwickelt hat.
Wichtig! Bei der Hypnose müssen alle vorgeschriebenen Regeln streng beachtet und eingehalten werden, da sonst Probleme von seiten des Mediums auftreten können! (Über solche Probleme werden wir noch in Abschnitt C sprechen.)
Am besten ziehen Sie bei Ihren Versuchen immer eine dritte Person mit hinzu, wenn möglich, einen Arzt oder Heilpraktiker.

B Theoretischer Hintergrund

Die verschiedenen Stadien der Hypnose

Hypnose als gesteuerte Veränderung des Wachbewußtseins, wie schon in A kurz erläutert, bedeutet auf einer EEG-Graphik nichts anderes, als daß der Betarhythmus immer mehr zurückgeht zugunsten des Alpha-, REM- und auch des Thetarhythmus. An unserem Schema ist das noch einmal deutlich zu sehen. Je tiefer Sie in Hypnose sinken, um so stärker sinken Sie in tiefere Schichten und entfernen sich von Beta.
Abgesehen von einem guten Hypnotiseur, ist die Tiefe der Hypnose stark davon abhängig, wie gut ein Medium geeignet ist.
Jeder normale Mensch ist zumindest so weit für Hypnose geeignet, als daß man ihn mehr oder weniger tief in den Alphazustand versenken kann. Besser geeignete Medien sinken bis tief in REM hinein. Und in REM lassen sich, wie Sie noch sehen werden, erstaunliche Dinge machen.
Bis hierhin handelt es sich noch um eine Beeinflussung Ihrer Großhirnrinde. Und jetzt werden Sie auch sehr leicht verstehen, warum meine gezeichnete Kurve der Beeinflussung im oberen Drittel von Theta endet. In Kapitel 1 hatten wir ja darüber gesprochen, daß der Thetabereich im Zwischenhirn liegt und damit das vegetative Nervensystem (Hypothalamus) berührt. Da von hier aus lebenswichtige Funktionen wie Atmung, Temperatur, Stoffwechsel und anderes geregelt werden, darf es keine oder nur sehr unbedeutende Möglichkeiten für den Menschen geben, diese präzisen Regelkreise von außen her über das Großhirn zu steuern. Eine zu starke Steuerung dieser Regelsysteme würde unweigerlich zum Tode führen. Und so müssen Sie schon sehr, sehr tief in Hypnose sein, um hier Einfluß zu nehmen, und dieser Einfluß ist dann immer

noch äußerst gering und damit ungefährlich. (Auch durch das autogene Training erreichen Sie nur eine schwache Steuerung.)

Insgesamt sprechen die Wissenschaftler von vier Stadien der Hypnose:

Hypnoider Zustand

Hier haben Sie das Gefühl, lediglich die Augen geschlossen zu haben und etwas vor sich hin zu duseln (Alphaphase).

Leichthypnose

Sie haben ein Empfinden wie beim hypnoiden Zustand, allerdings können Sie hier durch Befehle die Muskeln blockieren, also z. B. dem Medium einreden, es könne seinen Arm nicht mehr bewegen, und dieser Fall tritt dann auch tatsächlich ein (Alphaphase und etwas REM).

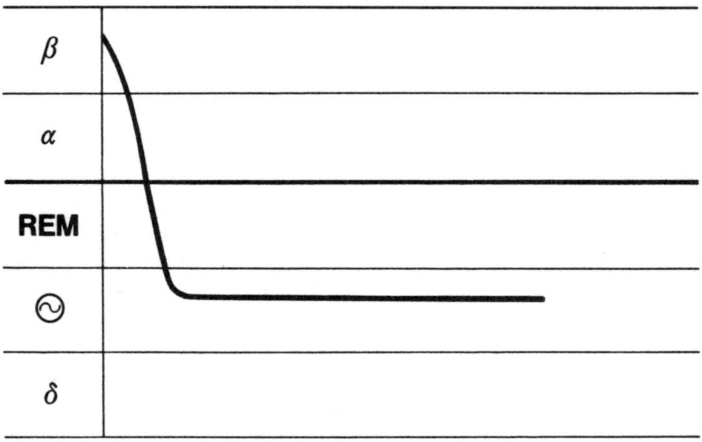

Tiefe der Hypnose, durch die absinkende Linie dargestellt

Hypnose

Alle Funktionen wie bei der Leichthypnose, darüber hinaus können Sie bestimmte Dinge im Gedächtnis vorübergehend blockieren. Z. B. kann sich dann das Medium, wenn es von eins bis zehn zählen soll, nicht mehr an die Zahl Fünf erinnern. Vegetative Beeinflussungen sind etwas möglich (Alphaphase, REM und schwacher Ansatz von Theta).

Tiefhypnose

Wie bei der Hypnose, darüber hinaus gibt es hier einen sogenannten »Seelenwanderungseffekt«. Verschiedene Medien behaupten plötzlich, sie hätten schon einmal gelebt bzw. würden in der Zukunft noch einmal leben. Sie können dann stundenlang über dieses vermeintliche Leben berichten, ohne sich in dem Datenwust zu verstricken und sich zu widersprechen. Nach der Hypnose wissen diese Medien in der Regel nichts mehr davon (Alphaphase, REM und etwas stärker Theta).

In allen vier Fällen ist der Einstieg sowohl bei Hypnose als auch bei Selbsthypnose immer über Beta.

Die Befehle in der Hypnose

Alle Befehle in der Hypnose und Selbsthypnose gelangen immer über Beta hinein. Was sich dabei letzten Endes alles im Gehirn abspielt, ist sehr kompliziert und noch nicht erschöpfend erforscht. Und so kann es geschehen, daß ein in Hypnose gegebener Befehl (z. B.: »Heben Sie die rechte Hand!«) nicht ausgeführt wird. Dennoch aber müssen solche Befehle durch einen Gegenbefehl (»Nehmen Sie die rechte Hand wieder runter!«) rückgängig gemacht werden. Denn sonst kann es passieren, daß das Medium Stunden später bei einer anderen Gelegenheit im Wachzustand plötzlich den rechten Arm hebt. Hier spricht man dann von Posthypnose. Schlimm ist es, wenn solche unkontrollierten Dinge in gefährlichen Situationen, wie z. B. beim Autofahren, passieren. Also wichtig: Nicht ausgeführte Befehle werden immer rückgängig gemacht.
Bei eigenen Befehlen in Selbsthypnose gilt diese Regel nicht. Befehle, die nicht ausgeführt werden (z. B.: »Ich fühle mich wohl und warm«), sind gar nicht erst angekommen, werden also auch später nicht unkontrolliert durchgeführt.
Im übrigen ist Hypnose keine magnetische oder magische Kraft, sondern hier werden im Kopf des Mediums wie beim autogenen Training oder bei Meditation Vorstellungen erzeugt, auf die der Organismus mit seiner angeborenen Sensibilität reagiert. Diese Abläufe sind ganz normal und waren schon immer wichtig für das Überleben des einzelnen und seiner Rasse (z. B. macht die Vorstellung von Angst »Beine«). Im übrigen ist auch Liebe nichts anderes als Hypnose, der eine wirkt auf den anderen ein.

C Übungen und Anwendungen in der Praxis: Hypnose

Testen Sie die Hypnosebereitschaft Ihres Mediums

In den Jahren 1970 bis 1975 habe ich in Begleitung eines Heilpraktikers, manchmal auch eines Arztes, ca. 500 Hypnoseversuche durchgeführt.

Die Art und Weise, wie ich ein Medium in Hypnose brachte, war immer wieder unterschiedlich, denn es gibt hier ca. zehn wissenschaftlich anerkannte Methoden. Manche davon sind leichter durchzuführen, andere schwieriger, manche benötigen zusätzliche Hilfsmittel, andere keine.
In diesem Kapitel, Hypnose und Selbsthypnose, lernen Sie eine der vielen Arten der Hypnose kennen – und damit diejenige Methode, die am einfachsten durchzuführen ist und auch den größten Erfolg verspricht. Sie ist bekannt unter dem Namen »Faszinationshypnose«. Zuvor aber erst einmal die sechs Vortests, mit denen Sie das bzw. die bestgeeigneten Medien heraussuchen können. Ganz gleich, welche Arten der Hypnose Sie vielleicht später noch kennenlernen, immer handelt es sich um die gleichen sechs Vortests.

Vortests

Diese sechs Vortests prüfen zwei Dinge:

1. Mit welcher Sensibilität reagiert der Organismus eines Mediums auf gedankliche Vorstellungen? (denn nur über diese Fähigkeit kommt Hypnose überhaupt erst zur Wirkung)
2. Wie groß ist das Vertrauen eines Mediums dem Hypnotiseur, also Ihnen, gegenüber? (Ein gutes Vertrauensverhältnis ist ebenfalls unerläßlich für das Gelingen der Hypnose!)

Bitte führen Sie diese Tests in der Reihenfolge eins bis sechs durch, denn sie bauen in der Wirkung aufeinander auf.

1. Versuch: Arm an der Wand. Hier wird die Reaktion des Organismus auf Vorstellungen getestet.
Bitten Sie Ihr Gegenüber, sich im rechten Winkel mit der rechten Körperseite so zur Wand zu stellen, daß der rechte Handrücken diese Wand berührt. Nun bitten Sie es, mit dem rechten Handrücken mit aller Kraft gegen die Wand zu drücken, während Sie bis zehn zählen. Achten Sie darauf, daß Ihr Medium sich dabei nicht mit dem Körper gegen die Wand lehnt, sondern der rechte Schultermuskel diese Kraft aufbringen muß. Um hier sicherzugehen, soll die Testperson die Füße etwa schulterbreit gespreizt haben.

Nach der Zahl Zehn bitten Sie Ihr Medium, nicht mehr zu drücken und sich nun mit dem Rücken zur Wand zu stellen (das ist wichtig, denn für unser erstes Experiment braucht der rechte Arm Bewegungsfreiheit). Jetzt lassen Sie die Testperson die Augen schließen, damit sie durch nichts abgelenkt wird, und sich vorstellen, wie der rechte Arm leicht wie eine Feder ist und nach oben schwebt. Unterstützen Sie dabei die Vorstellung des Mediums, indem Sie diesen Versuch mit den Worten begleiten:

» . . .7, 8, feste drücken, . . . 9, 10. Jetzt hören Sie auf zu drücken und drehen sich mit dem Rücken zur Wand. Schließen Sie jetzt Ihre Augen, und stellen Sie sich vor: Der rechte Arm ist ganz leicht, leicht, leicht wie eine Feder, er schwebt nach oben, nach oben, immer weiter nach oben, wie von Fäden gezogen. Sie spüren Ihren Arm nicht mehr, so leicht schwebt er nach oben, wird immer leichter und leichter, nicht ablassen, weiter vorstellen, immer leichter und leichter . . .« usw.
Und tatsächlich, jetzt bewegt sich der Arm nach oben! Sie können mit dem Reden dann aufhören, wenn der Arm fast die waagerechte Position erreicht hat. Sollte es beim ersten Mal nicht klappen, so versuchen Sie es noch ein zweites Mal und eventuell ein drittes Mal. Spätestens jetzt muß der Arm zumindest 45 Grad hoch sein (also die Hälfte der waagerechten Stellung), sonst können Sie Ihr Medium bereits in diesem ersten Test als nicht geeignet einstufen.
Weisen Sie jetzt die Testperson darauf hin, daß der nächste Versuch genausogut gelingen wird!

2. Versuch: Das Pendelkreisen. Hier testen Sie wieder die Reaktion auf Vorstellungen.

Armtest an der Wand

Sie brauchen jetzt den ca. 30 cm langen Bindfaden, einen Ring oder eine Büroklammer und eine auf ein Blatt gezeichnete Spirale, so wie abgebildet. Sie können auch die Spirale aus dem Buch verwenden.
Das eine Ende des Bindfadens kommt zwischen Daumen und Zeigefinger, am anderen Ende hängt zum Beschweren die Büroklammer oder etwas anderes. Bitten Sie Ihr Medium, den rechten Ellenbogen rechts unten neben die Spirale aufzusetzen, etwa dort, wo das X eingezeichnet ist. Dabei knickt die Hand locker nach unten ein. Das untere Ende des Bindfadens hängt nun 1 bis 2 cm über dem Mittelpunkt der Spirale. Bringen Sie das Pendel kurz zum Stillstand, und bitten Sie nun Ihre Testperson, sich vorzustellen, wie das Pendel in Spiralrichtung schwingt. Ihr Medium soll sich das also lediglich vorstellen und nicht etwa absichtlich Bewegungen machen. Begleiten Sie diese Vorstellungen mit den Worten: »Stellen Sie sich vor, wie das Pendel in Spiralrichtung schwingt, erst wenig, dann immer mehr. Wie es schwingt und schwingt und schwingt und dabei immer stärker schwingt. Immer mehr kommt das Pendel in Bewegung und schwingt rechts herum, rechts herum und weiter und weiter und stärker und stärker. Stellen Sie sich das immer stärker vor, gehen Sie mit den Augen mit, immer mehr und mehr . . .« usw.

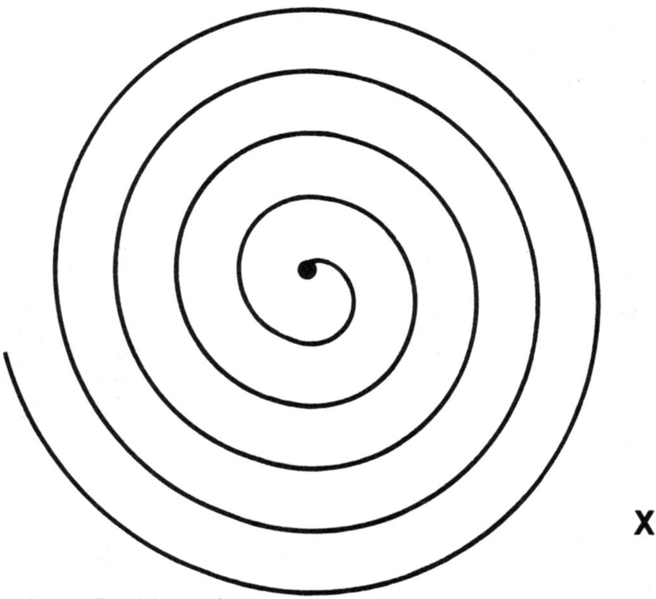

Spirale für den Pendelversuch

Jetzt werden Sie feststellen, daß das Pendel ohne bewußte Absicht des Mediums tatsächlich rechts herum schwingt.
Wenn die Schwingung deutlich sichtbar ist und etwa einen Durchmesser von 2 cm erreicht hat, können Sie diesen Versuch abbrechen. Bewegt sich das Pendel nicht oder nur irgendwie (was durch ungesteuerte Bewegungen der Hand kommt), dann ist Ihr Medium nicht geeignet.
Weisen Sie jetzt die Testperson wieder darauf hin, daß der nächste Versuch genausogut gelingen wird!

3. Versuch: Nach vorne kippen. Es wird das gleiche getestet wie beim vorhergehenden Versuch – und darüber hinaus das Vertrauen zum Hypnotiseur.
Die Testperson steht auf Armlänge vor Ihnen, mit dem Gesicht zu Ihnen. Die Hände sind an der Hosennaht, die Füße zusammen. Nun bitten Sie sie, die Augen zu schließen und sich nur auf Ihre Stimme zu konzentrieren. Sie sprechen jetzt auf die Testperson ein und bringen Sie dazu, sich vorzustellen, daß sie nach vorne kippt. Weisen Sie Ihr Medium darauf hin, daß es keine Angst zu haben braucht, daß Sie es auffangen werden, wenn es nach vorne kippt. In schwierigen Fällen berühren Sie es beim Sprechen ab und zu an den Oberarmen, um zu zeigen, daß Sie da und bereit sind, es aufzufangen. Reden Sie dabei etwa in der folgenden Weise: »Bitte schließen Sie die Augen, und stellen Sie sich vor, wie Sie langsam, aber sicher nach vorne kippen. Stellen Sie sich das immer stärker vor, wie Sie kippen und kippen, dabei brauchen Sie keine Angst zu haben, ich stehe vor Ihnen und fange Sie auf.« (Hierbei könnten Sie die Schulter kurz berühren, wenn Sie merken, daß Ihr Medium zögert.) »Spüren Sie, wie Sie nach vorne gezogen werden, nach vorne, vorne, unwiderstehlich nach vorne . . .« usw.

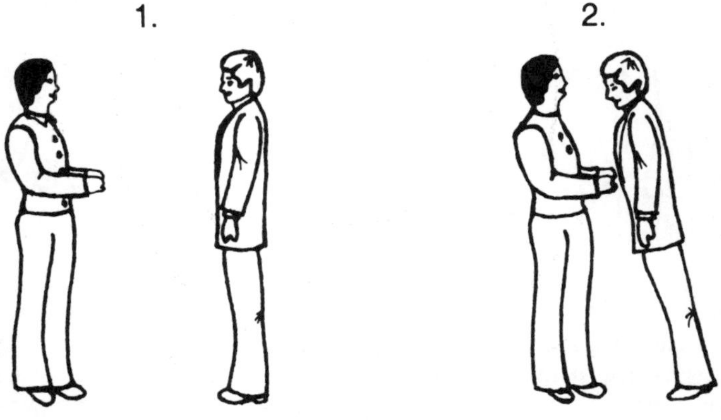

Das Medium kippt nach vorn

In dem Moment, wo das Medium tatsächlich sichtbar kippt, fangen Sie es sofort auf, lassen Sie es auf keinen Fall zu weit kippen, um unnötige Angst zu vermeiden!
Kippt Ihr Medium auch nach längerem Zureden nicht, dann gilt es als nicht geeignet.
Weisen Sie jetzt wieder die Testperson darauf hin, daß der nächste Versuch genausogut gelingen wird!

4. Versuch: Nach hinten kippen; wie Versuch 3, nur unter schwierigeren Bedingungen.
Dieser Test läuft genauso und mit den gleichen Worten ab wie Test Nummer 3. Nur steht das Medium diesmal mit dem Rücken zu Ihnen und soll nach hinten kippen. Das fällt jedem schwerer, weil man sich hier noch mehr auf den Hypnotiseur verlassen muß. Diesmal ist der Kopf in den Nacken gebeugt.
Weisen Sie auch hier wieder die Testperson darauf hin, daß der nächste Versuch genausogut gelingen wird!

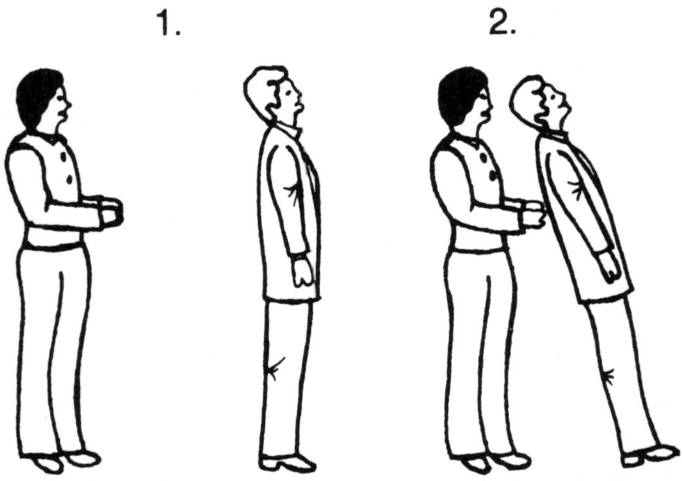

Das Medium kippt nach hinten

5. Versuch: Auf der Stelle kreisen. Das gleiche wie bei Nummer 4 wird getestet, nur unter noch schwierigeren Bedingungen.
Das Medium steht vor Ihnen, die Füße eng zusammen, die Hand an der Hosennaht, die Augen geschlossen. Nun soll sich die Testperson vorstellen, daß sie zuerst schwankt, etwas später auf der Stelle kreist, ohne

umzukippen. Hierzu brauchen Sie eine dritte Person, die auffangbereit steht, falls Ihr Medium das Gleichgewicht verliert (das wird zwar nicht passieren, kann aber nicht völlig ausgeschlossen werden).
Auch Sie sollten dabei sicherheitshalber auffangbereit sein. Sprechen Sie dabei die folgenden Worte: »Stellen Sie sich vor, wie Sie langsam zu schwanken beginnen, immer stärker und stärker, Sie schwanken und schwanken, zuerst hin und her und dann immer mehr im Kreis, ja, Sie kreisen um die eigene Achse, immer stärker, ohne umzukippen. Sie sind dabei ganz sicher; denn Sie wissen, daß Sie nicht kippen, und Sie kreisen und kreisen immer stärker und stärker . . .« usw.
(Ein Kreisen im Ansatz oder ein stärkeres Kreisen gilt bei diesem Versuch als gelungen.)
Auch hier weisen Sie die Testperson wieder darauf hin, daß der nächste und diesmal letzte Versuch genausogut gelingen wird.

Die Testperson kreist

6. Versuch und letzter Versuch: Hände falten. Das gleiche wie bei Nummer 5 wird getestet, nur unter noch schwierigeren Bedingungen. Darüber hinaus stellen Sie noch fest, wie sehr sich das Medium vom Hypnotiseur führen läßt.
Sie stehen oder sitzen, das Medium sitzt Ihnen gegenüber. Schauen Sie ihm in die Augen, und bitten Sie die Testperson, die Hände ineinander verschränkt zu falten. Die verschränkten Hände sollen dabei auf Kinnhöhe sein. Tun Sie das gleiche, also sozusagen spiegelbildlich zu Ihrem Medium, und sprechen Sie dabei die folgenden Worte:

»Schließen Sie bitte Ihre Hände fest zusammen, ganz fest, immer fester, fester. Die Hände sind jetzt ganz fest zusammen und werden immer fester und fester zusammengedrückt, als wenn das von allein geschehen würde. Wie zwischen zwei Wänden sind Ihre Hände und pressen immer mehr zusammen, immer fester und fester, von ganz allein. Von ganz allein, so daß sie nicht mehr auseinandergehen, auch wenn Sie es wollten. Es geht nicht, es geht nicht, es geht einfach nicht! Auch wenn Sie es wollten, es geht nicht, probieren Sie es, es geht nicht, geht nicht, geht nicht, probieren Sie es, die Hände sind wie zusammengeklebt . . .« usw.

Tatsächlich stellen Sie jetzt fest, daß die Testperson die Hände auseinanderzieht, die Finger dabei aber ineinander verschränkt bleiben, so daß Ihr Medium die Hände nicht auseinanderbekommt. Wenn das der Fall ist, dann ist dieser letzte Test ebenfalls gelungen, und die Wahrscheinlichkeit ist sehr groß, daß Ihr Hypnoseversuch gelingen wird.

Sagen Sie jetzt zu Ihrem Medium: »Sehr gut, ich werde jetzt Ihre Hände berühren, dann können Sie sie wieder öffnen, Achtung . . . jetzt!«

In dem Moment, wo Sie die Hände der Testperson berühren, wird sie sie wieder öffnen können. Sagen Sie jetzt zu Ihrem Medium: »Sie sind für Hypnose sehr gut geeignet. Alle weiteren Versuche werden jetzt, da Sie alle sechs Tests hinter sich haben, sehr gut gelingen.«

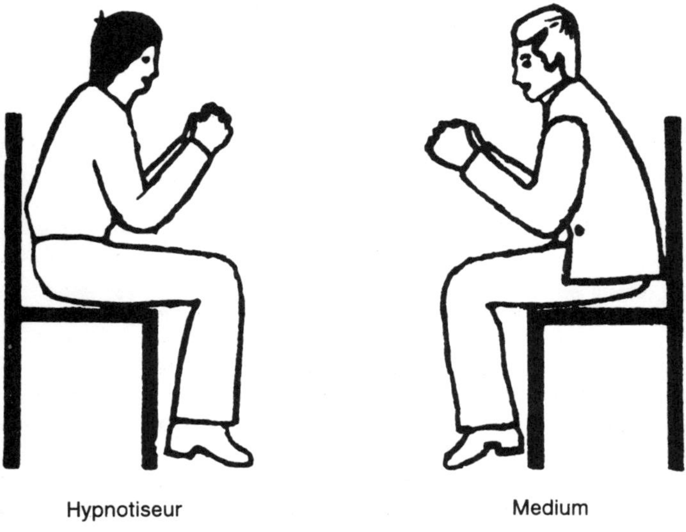

Die Hände der Testperson bleiben zusammen

Hypnose: die Faszinationsmethode

Außer der Faszinationsmethode, die Sie in diesem Kapitel erlernen sollen, gibt es noch eine ganze Reihe anderer Hypnosemethoden, so, um nur einige zu nennen, die Fixaktionsmethode, bei der während des Hypnoseversuchs das Medium auf die Fingerspitze des Hypnotiseurs starrt oder auf eine Messerspitze. Es gibt auch eine reine Verbalhypnose, die nur über Worte abläuft, oder auch die Farbkontrastmethode, bei der das Medium auf zwei Farbbalken starrt, die sich vor dem Auge vermeintlich ineinander verschieben. Auch die sogenannten messmerischen Striche, bei denen der Körper des Mediums mit den Fingerspitzen vom Kopf in Richtung Füße bestrichen wird, ist eine bekannte Hypnose, und sogar die Hyperventilation (beschleunigte Tiefatmung) gehört zur Kategorie der Hypnosetechniken. Sie alle sind unterschiedlich schwer zu praktizieren und schlagen auch bei verschiedenen Medien unterschiedlich gut an.
Bei der hier vorgestellten Faszinationsmethode schaut das Medium in die Augen des Hypnotiseurs. Diese Methode ist in den wissenschaftlichen Berichten so etwas wie ein Stiefkind. Dort werden immer die eben angeführten Methoden als die Hypnosetechniken gelehrt, während die Faszinationsmethode ein Schattendasein führt. Vielleicht liegt es daran, daß sie etwas an Hypnoseversuche im Varieté erinnert. Aber sie ist dennoch die Methode, die am leichtesten zu praktizieren ist!
Und so sieht der Ablauf aus: Sie und Ihr Medium sitzen sich frontal gegenüber. Ihr Medium schaut Ihnen dabei in die Augen. Sie beginnen nun zu sprechen und sagen:
»Bitte, schauen Sie mir in die Augen. Ich werde jetzt bis zwanzig zählen, und bei jeder Zahl schließen Sie für einen Augenblick die Augen und schauen mich danach wieder an. Aber schauen Sie mir dabei immer wieder in die Augen.«
Ich beginne jetzt zu zählen: »Eins, zwei, drei, vier . . .« (Sie zählen natürlich erst die nächste Zahl, wenn das Medium die Augen wieder geöffnet hat und Sie anschaut.) ». . . fünf, sechs, immer mich anschauen, sieben, acht, neun, zehn . . . bei der Zahl Zwanzig werden Sie Ihre Augen nicht mehr öffnen können, elf, zwölf, dreizehn, es geht schon etwas schwerer, aber noch schaffen Sie es, vierzehn, fünfzehn . . .« (Jetzt zählen Sie die letzten fünf Zahlen langsamer als vorher.) ». . . sechzehn . . . die Augen werden immer schwerer, siebzehn, immer schwerer und schwerer, achtzehn . . . ganz schwer, sie gehen aber noch auf, neunzehn . . . ganz schwer, bei zwanzig bleiben sie zu . . . zwanzig! Jetzt sind die Augen ganz schwer und werden immer schwerer und schwerer und gehen nicht mehr auf und noch schwerer und noch schwerer, ganz schwer und schwer und schwer, und der Kopf wird auch immer schwerer, und Sie sinken dabei tief und immer tiefer in Hypnose, ganz tief und

fest, tief und fest, in tiefe Hypnose, ganz tief . . .« (Jetzt werden Sie immer leiser.) ». . . ganz tief . . . ganz tief, und Sie sind jetzt absolut in tiefer Hypnose und verstehen all das, was ich Ihnen sagen werde, sehr sehr gut.«

In den meisten Fällen sitzt nun Ihr Medium Ihnen mit gesenktem Kopf gegenüber, zumindest aber sind die Augen fest geschlossen. Dabei kann Ihr Medium in einer von den vier Stadien der Hypnose sein, meist aber in Hypnose oder sogar Tiefhypnose, wenn alle sechs Vortests erfolgreich verlaufen sind.

Zur Kontrolle sagen Sie jetzt: »Ihre Augen sind jetzt so fest geschlossen, daß sie nicht mehr aufgehen, daß sie nicht mehr aufgehen, auch dann nicht, wenn Sie es versuchen, es geht nicht, es geht einfach nicht, versuchen Sie es, es geht einfach nicht!«

Wenn Ihr Medium sichtbar versucht, die Augen zu öffnen, es aber nicht schafft, dann ist es mit hoher Wahrscheinlichkeit mindestens in Hypnose.

Was ist geschehen? Wenn ein Mensch die Augen im Rhythmus öffnen und schließen muß, dann ermüden *immer* die Augen nach kurzer Zeit. Nur wird darauf nicht geachtet. Wenn Sie aber bei der Zahl Zwanzig sagen, Ihre Augen sind schwer und müde, dann richtet Ihr Medium zum ersten Male seine Konzentration darauf, daß die Augen müde sind, glaubt aber gleichzeitig, die Augen seien nur deshalb müde, weil Sie es gesagt haben. Das Medium glaubt Ihnen in diesem Stadium überhaupt fast alles, wenn die sechs Vortests gelungen sind. Da durch die Schwere der Augen die Bereitschaft noch weiter angewachsen ist, Ihnen zu glauben, wird das Medium mit Leichtigkeit auf Ihr Geheiß hin in Hypnose fallen.

Sie sehen also, keine magnetischen Kräfte oder irgendwas in der Art, sondern rein psychologische und physiologische, verständliche Alltagsreaktionen.

Während nun Ihr Medium in Hypnose ist, sagen Sie jetzt: »Nur dann, wenn ich Sie in Hypnose versetze – und dann durch diese besondere Situation –, sinken Sie in Hypnose, aber niemals durch irgendeinen Zufall!«

Diesen Satz wiederholen Sie sofort noch einmal mit Nachdruck und sagen anschließend: »Mit jeder weiteren Sitzung werden Sie immer besser in der Lage sein, in Hypnose zu sinken, immer besser!«

Dieser ganze Abschnitt gilt auch noch einmal zu dem Zeitpunkt, kurz bevor Sie das Medium aus der Hypnose herausholen. Auch hier weisen Sie mit Nachdruck darauf hin, daß nur Sie und diese besondere Situation die Hypnose erzeugen und niemals irgendein Zufall. Und: Von Sitzung zu Sitzung gelingt die Hypnose immer besser und besser.

Vergessen Sie diese beiden Parts niemals; denn Sie haben dem Medium gegenüber eine große Verantwortung. Sie wissen ja, daß es das

Phänomen der Posthypnose gibt. Deshalb müssen Sie nicht nur unausgeführte Befehle rückgängig machen, sondern auch »dumme Zufälle« vermeiden.

Daß bei »dummen Zufällen« sogar Lebensgefahr bestehen kann, verdeutlicht der folgende Fall.

Ein Varietézuschauer wurde auf der Bühne von einem Hypnotiseur in Hypnose versetzt. Dabei spielte das Orchester eine bestimmte Musik. Später, auf dem Heimweg mit dem PKW schaltete dieser Zuschauer das Radio ein. Zufällig spielte die gleiche Musik wie während der Hypnose. Durch diesen Zufall sank er für wenige Augenblicke in Hypnose, verlor die Gewalt über sein Fahrzeug und fuhr gegen einen Baum.

Wichtig ist noch, daß Sie immer nur einen Hypnoseversuch mit Einverständnis des Mediums machen und mit ihm vorher immer darüber sprechen, was Sie dann in Hypnose mit ihm machen wollen. Nur so ist Hypnose gerechtfertigt!

Nun zu verschiedenen Versuchen, die Sie in Hypnose machen können. Die meisten Versuche steuern darauf hin, in irgendeiner Form das Lernen bzw. Arbeiten zu erleichtern. Vorweg aber ein kleiner, sehr verblüffender Versuch, der immer dann gelingt, wenn das Medium in Hypnose oder Tiefhypnose ist.

Bitten Sie Ihr Medium, die Zahlen von eins bis zehn laut und deutlich aufzuzählen. Anschließend sagen Sie: »Sie werden jetzt die Zahl Fünf vergessen. Die Zahl Fünf ist in Ihrem Gedächtnis gelöscht, so lange, wie ich es Ihnen sage. Ich zähle jetzt bis drei, und dann ist die Zahl Fünf verschwunden. Achtung aufgepaßt: Eins, zwei, drei, jetzt ist die Zahl Fünf weg!«

Nun lassen Sie Ihr Gegenüber wieder von eins bis zehn zählen. Diesmal wird das Medium zählen: »Eins, zwei, drei, vier . . . sechs, sieben, acht, neun, zehn.« Fragen Sie, ob das stimmt. Ihr Medium wird meistens antworten: »So habe ich das in der Schule gelernt.« Lassen Sie es jetzt an den eigenen Fingern nachzählen. Natürlich wird es elf Finger zählen und sich maßlos über das Ergebnis wundern, denn es weiß ja, daß es zehn Finger haben muß. Nehmen Sie anschließend diesen Befehl wieder zurück.

»Ich zähle jetzt bis drei, und dann ist die Zahl Fünf wieder in Ihrem Gedächtnis, Achtung, eins, zwei, drei . . . jetzt fällt Ihnen die Zahl Fünf wieder ein!«

Lassen Sie daraufhin zur Kontrolle Ihr Gegenüber noch einmal von eins bis zehn zählen. Nur für den Fall (der aber ganz selten auftritt), daß die Zahl Fünf immer noch fehlt, wiederholen Sie erneut mit Nachdruck die Zurücknahme Ihres Befehls.

In diesem Versuch sehen Sie, daß man das, was mit dem Medium geschehen soll, einfach nur sagen muß. In der Regel wird es dann auch

ausgeführt. Das gilt auch für alle weiteren Experimente, die Sie noch machen wollen.
Aber erst einmal holen Sie das Medium aus der Hypnose zurück. Weitere Versuche sollten Sie dann in der nächsten Hypnosesitzung machen.
Das Herausholen aus der Hypnose ist ebenfalls sehr einfach. Sie sagen lediglich: »Ich werde Sie jetzt aus der Hypnose herausholen. Dabei zähle ich bis drei, und bei der Zahl Drei öffnen Sie dann Ihre Augen und fühlen sich frisch und ausgeruht. Achtung, eins, und Sie kommen langsam wieder aus der Hypnose heraus, zwei, Sie kommen immer höher und höher, drei, und jetzt die Augen öffnen, und Sie fühlen sich ganz frisch. (Sollte dieses Aufwecken einmal nicht gelingen, so wiederholen Sie das Ganze noch einmal, diesmal nachdrücklicher, und berühren Sie dann bei der Zahl Drei die Stirn des Mediums.)

Hypnose für besseres Arbeiten und Lernen

Das Stadium der hypnoiden Phase reicht lediglich aus, daß sich das Medium etwas entspannt. Aber bereits die Leichthypnose ist dazu geeignet, leichter und motivierter zu lernen, um so mehr die Hypnose und Tiefhypnose. Dazu die folgenden Beispiele:

a) Motivation: Sagen Sie dem Medium: »Ihnen fällt das Lernen leicht, von Tag zu Tag leichter, weil es Ihnen Spaß macht, es macht Ihnen Spaß, großen Spaß, Sie sitzen jeden Tag zu Hause und lernen mit Begeisterung, von Tag zu Tag mehr und immer mehr. Lernen macht Ihnen Spaß, immer mehr Spaß, Sie sind begeistert vom Lernen . . .« usw.

Je nach Tiefe der Hypnose wird das Medium von Sitzung zu Sitzung eine immer stärkere Motivation bekommen. Das gleiche gilt natürlich auch für den schon früher beschriebenen leitenden Angestellten, der ungern Briefe schreibt.

b) Gedächtnis und Konzentration: Sie sagen Ihrem Medium: »Von Tag zu Tag werden Ihr Gedächtnis und Ihre Konzentration immer besser und besser, Ihr Gehirn nimmt alles das, was es lernen soll, intensiv auf und verarbeitet es intensiver als je zuvor. Dabei steigt die Konzentration von Tag zu Tag, und das Gedächtnis wird immer besser und besser . . .« usw.

Auch hier kann man tatsächlich in vielen Fällen spürbare Erfolge erzielen, weil sich die Art und Weise, wie Ihr Medium bislang an das Lernen herangegangen ist, verbessern wird. Es wird viel konzentrierter arbeiten als zuvor.
Und noch etwas ist möglich: Sie können Ihrem Medium während der Hypnose z. B. Vokabeln vorlesen, die es jetzt wesentlich intensiver aufnehmen wird als im Wachzustand, ganz einfach, weil in Hypnose das

Gehirn *immer* ohne Ausnahme im höchsten Zustand einer möglichen Konzentration ist.
Soweit ein kleiner Einblick in das, was mit Hypnose möglich ist. Hier nun noch einmal unsere Checkliste zum besseren Gelingen:

Checkliste Hypnose
Bitte alle Punkte beachten:

1. Hypnosebereitschaft durch die sechs Vortests testen (Reihenfolge einhalten)
2. Hypnose durchführen und bei jeder Sitzung sagen, daß es von Mal zu Mal besser wird
3. Die nicht ausgeführten Befehle unbedingt rückgängig machen
4. Sagen, daß nur Sie und diese besondere Situation den Hypnosezustand herbeiführen kann
5. Immer nur mit Einverständnis des Mediums arbeiten
6. Vorher abklären, was Sie während der Hypnose machen wollen

Selbsthypnose

Der leichte Entspannungszustand

Um hier den bestmöglichen Erfolg zu haben, legen Sie sich bei dieser Übung hin. Bei der Selbsthypnose verfahren Sie dann genauso wie bei der Hypnose. Auch hier zählen Sie bis zwanzig, und zwar in Gedanken. Dabei öffnen und schließen Sie, wie schon beschrieben, die Augen. Ab der Zahl Fünfzehn stellen Sie sich dabei emotional vor, wie Ihre Augen immer schwerer werden. Bei der Zahl Zwanzig lassen Sie die Augen zu und fühlen, wie die Augen besonders schwer sind. Dabei fühlen Sie auch, daß der Kopf immer schwerer wird und Sie müde nach unten sinken.
Auf diese Weise erreichen Sie nach einiger Zeit eine leichte Entspannung, die Sie durch weitere Sitzungen noch etwas vertiefen. Seien Sie darüber nicht enttäuscht, denn mehr läßt sich durch Selbsthypnose nicht erreichen, mit keiner Methode der Welt!
Wenn Sie aber den leichten Entspannungszustand erreicht haben, dann können Sie sich in diesem Zustand etwas auf das Lernen und Arbeiten vorbereiten, und zwar so, wie ich es im Kapitel 4, »Selbstmotivation«, beschrieben habe, nämlich ebenfalls durch Worte, Bilder und Emotionen. Ihre Motivation, zu lernen und zu arbeiten, wird sich dadurch etwas verbessern lassen.

6. Lerntechniken, Gedächtnis- und Konzentrationstraining

A Überblick

Lernen mal ganz anders

Wenn man das Bild von verschiedenen Methoden zum besseren Lernen abrunden will, dann gehört in diese Kategorie auch der Bereich Lerntechnik, Gedächtnis- und Konzentrationstraining. Denn auch hier läßt sich einiges beim Lernen verbessern, allerdings in einer ganz anderen Art und Weise, als es in den vorherigen Kapiteln bisher beschrieben wurde.

Ziel und Erfolg

Das Gedächtnis, die Konzentration und das Lernen allgemein lassen sich einmal durch rationelles, geplantes Lernen verbessern, wie z. B. durch eine bessere Zeiteinteilung (Zeitplantechnik) oder durch systematischeres Lernen (die Lernkartei).
Sehr gute Fortschritte erzielt man auch durch spezielle Gedächtnis- und Konzentrationsübungen*, die Sie in diesem Kapitel kennenlernen werden.
Obwohl Sie hier lediglich eine Einführung vorfinden, werden Sie nach intensiver Durcharbeitung des Abschnittes C bereits in der Lage sein, bis zu sechzig Worte nach einmaligem langsamem Durchlesen in der richtigen Kombination zu behalten.

Zeitaufwand

Zum Lernen der vorgestellten Methoden in diesem Kapitel brauchen Sie etwa 3 bis 4 Stunden Zeit. Das zahlt sich aber auf jeden Fall aus, denn bei der späteren Anwendung dieser Lernmethode wird die Lernzeit auf mindestens die Hälfte reduziert. Sie lernen also hierdurch viel schneller als vorher.

*Siehe auch ht 313 »Gedächtnis- und Konzentrationstraining« von demselben Verfasser.

Material

Sie benötigen für die Lernkartei einen Karteikasten oder als Notbehelf eine Zigarrenkiste, die in entsprechende Fächer unterteilt ist. Ansonsten müssen Sie nur noch Ihren eigenen Kopf einsetzen.

Besondere Bemerkungen

Alle diese Methoden (Lerntechnik, Gedächtnis- und Konzentrationstraining) sind sowohl für Schüler als auch für Berufstätige bestens geeignet, das Lernen und das Arbeiten zu erleichtern. Manche der Übungen in diesem Kapitel (speziell die aus dem Bereich Gedächtnis- und Konzentrationstraining) sind sogar für das Vorschulalter zu empfehlen. Wen aber die vorgestellten Methoden interessieren und wer tiefer in die Materie eindringen möchte, dem empfehle ich die beiden Bücher:

1. Günther Beyer, *Creatives Lernen*, Econ Verlag, für Berufstätige und Schüler ab 16 Jahren. (Das bessere Behalten von Bestellisten, Einkaufzetteln, Terminabläufen, Fremdwörtern, Vokabeln, Personennamen und Gesichtern, Weiterbildungstexten, Inhalten von Vorträgen, Konferenzen, Telefonaten, Zahlen und Daten usw.
   Darüber hinaus trainieren Sie in diesem Buch in dreißig Konzentrationsübungen Ihre Konzentration.)
2. Günther Beyer, *So lernen Schüler leichter,* Econ Verlag, für acht- bis fünfzehnjährige Schüler. (Das bessere Behalten von speziellem Schulstoff wie Inhalte von Texten aus Biologie, Erdkunde, Geschichte, besseres Aufnehmen von Vokabeln, Vermeiden von Rechtschreibfehlern, spezielle Übung zur besseren Konzentration im Unterricht und bei den Hausaufgaben.)

B Theoretischer Hintergrund

Es gibt verschiedene Gedächtnisse

Es gibt verschiedene Arten zu lernen, gute und schlechte, aber es gibt kein gutes oder schlechtes Gedächtnis, wie es so oft die landläufige Meinung ist. Man kann nur sein Gedächtnis richtig oder falsch ausnutzen.

Jeder Mensch besitzt vier verschiedene Arten von Gedächtnissen, die verschieden gut sind; das beste Gedächtnis im menschlichen Gehirn ist das visuelle Gedächtnis. Es nimmt plastische Informationen auf (z.B. das, was Sie draußen auf der Straße vor sich sehen) und ebenfalls schriftbildliche Informationen. Etwas weniger gut sind das emotionale und das motorische Gedächtnis. Das emotionale Gedächtnis nimmt sehr verschiedene Informationen auf wie: Geruch, Geschmack,

Schmerz, Temperatur, Druck, Berührung, Kitzel – und auch das Gefühlsinnenleben wie Sehnsucht oder Heimweh. Das motorische Gedächtnis bekommt u. a. Rückmeldungen von den Muskeln (z. B können Sie mit geschlossenen Augen Bewegungen machen und diese dabei ohne Rückmeldungen über die Augen kontrollieren).
Sehr viel verschiedener als die ersten drei Arten Gedächtnis ist das akustische. Es nimmt den Klang des Gesprochenen auf, ohne dabei Inhalte zu beachten.
Will man die Leistung dieser vier Gedächtnisarten in einem graphischen Modell miteinander vergleichen, dann sieht das folgendermaßen aus: Ganz vorne, wie schon beschrieben, steht das visuelle Gedächtnis. 10 cm dahinter folgen das emotionale und das motorische Gedächtnis, und erst 2 m später (das ist keinesfalls übertrieben) folgt das akustische Gedächtnis. Es ist sehr viel schlechter, als die meisten glauben.
Diese Unterteilung gilt allerdings nur für 95 Prozent der Menschen. Es gibt 5 Prozent Ausnahmen, deren akustisches Gedächtnis sehr gut ist, hier spricht man von einem abstrakten Lerntyp.
Warum ist das akustische Gedächtnis bei den meisten Menschen so schlecht? Die Antwort ist einfach: Ein gutes akustisches Gedächtnis ist in der Entwicklung der Menschen und Tiere nicht vorgesehen, weil es nicht wichtig ist. Bevor der Mensch als letztes Glied der Evolutionskette die Sprache entwickelte, gab es nur eine bestimmte Anzahl von Urlauten, z. B. den Aggressionslaut, den Angstlaut, den Schmerzlaut, das Unterwerfungssignal u. a. (bei den Tieren ist das ja heute noch so).
Darüber hinaus mußte das Gedächtnis auch noch bestimmte Umweltgeräusche aufnehmen und behalten wie z. B. einen rauschenden Fluß, prasselndes Feuer usw.
Aber die komplizierte menschliche Sprache ist nicht vorgesehen; hier war der Mensch schneller als die Evolution. Sie brauchen sich nur einmal zu überlegen, wie lange es braucht, bis Sie in einer Ihnen unbekannten Sprache 1000 Vokabeln gelernt haben. Das artet normalerweise in eine erhebliche Plackerei aus.
Wer jetzt noch nicht von dem schlechten akustischen Gedächtnis überzeugt ist, für den gibt es noch ein gutes Beispiel aus der Gegenwart. Nehmen wir an, ich bitte Sie, bis zum nächsten Tag den folgenden Satz im Gedächtnis zu behalten, den ich Ihnen laut vorlese. Dieser Satz lautet: »Heute scheint die Sonne sehr heiß auf die Stadt!« »Kein Problem«, werden Sie sagen! Warum? Weil Sie den Inhalt dieses Satzes verstehen und in Wirklichkeit diesen Inhalt behalten (und nicht etwa den Klang), und zwar aufgeteilt auf das visuelle, emotionale und motorische Gedächtnis. Mehr oder weniger unbewußt werden Sie eine Szene vor Augen haben, wie die Sonne auf die Stadt scheint, und Sie werden die Wärme empfinden.

Wenn jetzt aber ein Chinese einen ähnlichen Satz vorlesen würde, dann hätten Sie enorme Schwierigkeiten, ihn auch nur für Minuten zu behalten! Denn hier haben Sie keine bildhafte Vorstellungen.
Hier ist dieser Satz:
Hong suam weng tschan pai saimon chatchaku intan soinaw!
Und darin liegt das Dilemma: Vieles, was im täglichen Berufsleben an Information auf Sie einströmt, ist akustisch und abstrakter Art und kann vom akustischen Gedächtnis nur sehr schlecht aufgenommen werden. Zum Glück übersetzen Sie automatisch vieles ins Visuelle und Emotionale, aber lange nicht alles – und schon gar nicht systematisch. Deshalb werden Sie in diesem Kapitel u.a. lernen, wie Sie Informationen visuell darstellen können, damit Sie viel mehr behalten als vorher. Im übrigen lassen sich die verschiedenen Gedächtnisarten nicht im Gehirn lokalisieren, sie sind über die Großhirnrinde verstreut.
Soweit die Gedächtnisarten und ihre bessere Ausnutzung. Das Gedächtnis läßt sich aber auch durch die richtige Zeiteinteilung, durch richtiges Wiederholen oder durch richtige Pausen besser ausnutzen. Und auch darüber sollen Sie einiges unter Abschnitt C erfahren.

C Übungen und Anwendungen in der Praxis

Zeitplantechnik

Wenn Sie auf ein Ziel zulernen (z.B. bis zur nächsten Woche 300 Vokabeln oder dreißig Argumente für einen Vortrag oder für das Abitur im nächsten Jahr), dann ist ein Zeitplan genau das richtige für ein rationelles Lernen.
Nehmen wir einmal an, Sie müssen in einem Jahr die Prüfung machen. Dazu brauchen Sie die Fächer Englisch, Deutsch, Mathematik, Buchführung und Politik. Dann halten Sie in einem langfristigen Zeitplan fest, welches Pensum Sie bis zur Prüfung bewältigen wollen, welche Fächer bevorzugt gepaukt werden sollen und wie die Teillernziele von Monat zu Monat aussehen sollen. Dabei können Sie in aller Ruhe einschätzen, was Sie sich zumuten wollen.
Die zweite Möglichkeit besteht in einem mittelfristigen Zeitplan. Z.B. müssen Sie in zehn Tagen eine Konferenz leiten oder einen Vortrag halten, oder Sie sind Schüler und schreiben zu diesem Termin eine Arbeit. Dann sollten Sie den Lernstoff, den Sie in diesen zehn Tagen bewältigen wollen, ebenfalls schriftlich einteilen, damit Sie sich nicht verzetteln.
Die dritte Art ist ein kurzfristiger Zeitplan. Er gilt jeweils nur für einen Tag. Durch ihn teilen Sie ein, in welcher Reihenfolge Sie die einzelnen Fächer pro Tag lernen wollen, wann Sie Pausen einlegen, wann Sie bestimmte Fächer wiederholen wollen, ob Sie am Tag etwas später beginnen und dafür auch später aufhören (Nachtmenschen), oder aber, ob

Sie früher beginnen und auch früher aufhören mit Lernen (Frühmenschen). Vielleicht teilen Sie den Tag in zwei Blöcke auf, damit Sie zwischendurch eine längere Pause machen können usw.
Letztendlich ist eine solche Einteilung subjektiv, und Sie müssen erst einmal drei oder vier solcher Pläne aufgestellt haben, damit Sie Ihre beste Art zu lernen herausfinden. Auch wenn Sie jeden Morgen 15 Minuten Zeit für einen solchen Zeitplan opfern, es zahlt sich auf jeden Fall aus, denn Sie vermeiden dadurch, sich zu verzetteln oder zu überschätzen.
An dieser Stelle noch einen Tip. Die Pausen, die Sie in Ihrem Zeitplan einbauen, sollten immer zwischen zwei verschiedenen Fächern liegen, denn wenn Sie z. B. Mathematik gelernt haben und anschließend sofort mit Englisch beginnen, dann wird das Phänomen der gegenseitigen Verdrängung Ihre Lernleistung stark stören, denn Verdrängungen treten immer stark auf, wenn verschiedene aufeinanderfolgende Lehrstoffe gelernt werden sollen. Nun kann es aber sein, daß Sie sich erstens sehr frisch fühlen und zweitens durch Pausen nicht soviel Zeit verlieren möchten. Dann wiederholen Sie in dieser Pause Mathematik vom Vortage. Wiederholen ist kein so aktiver Vorgang in Ihrem Gehirn, wodurch sich auch die gegenseitigen Verdrängungen kaum noch auswirken. Gleichzeitig aber haben Sie die Pausen sinnvoll ausgenutzt.
Bitte, gewinnen Sie einmal Erfahrung mit einem solchen Zeitplan.
Wenn Sie Schüler sind, dann unterteilen Sie in dieser Art die Fächer, die Sie heute lernen wollen. Wenn Sie berufstätig sind, dann nehmen Sie das Lernen von Vokabeln oder das zeitige Vorbereiten auf eine Konferenz oder etwas Ähnliches.

Lernkarteien

Wie schon im Überblick erwähnt, können Sie mit einer Lernkartei systematischer und rationeller lernen. Die Art des Lernstoffes spielt hierbei keine Rolle. Und wie so etwas aussieht, das möchte ich Ihnen an dieser Stelle beschreiben.
Wenn Sie auf einen bestimmten Termin hin lernen, z. B. eine Prüfung, dann ist es von Vorteil, wenn Sie das, was Sie lernen, systematisch und geordnet wiederholen.
Und dazu ist eine sogenannte Lernkartei da. Sie besteht aus einem Karteikasten (z. B. können Sie ihn mit einfachen Mitteln aus einer Zigarrenkiste bauen, oder Sie kaufen einen Karteikasten) und aus den entsprechenden Karteikarten.
Der Karteikasten ist in vier Fächer unterteilt; jedes folgende Fach ist etwas größer als das vorhergehende. Auf die Karteikarten schreiben Sie pro Karte etwa drei Fragen und auf die Rückseite die drei entsprechenden Antworten. Das Ganze sieht dann so aus wie in der folgenden Graphik.

Karteikarte, Vorderseite	*Karteikarte, Rückseite*
1. Nach welcher Zeit sind die Gehirnzellen endgültig vernetzt?	1. 3 Jahre nach der Geburt
2. Nennen Sie zwei Namen für Gehirnzellen	2. Neuron- oder Ganglienzellen
3. Welche drei Arten Gedächtnis gibt es?	3. Langzeit-, Kurzzeit- und Ultrakurzzeitgedächtnis

Karteikasten, vier Fächer

1	2	3	4
		Kontrolle immer	
Mo	Di	Mi	am 15. des lfd. Monats
Di	Do		
Mi			
Do			
Fr			
Sa			

Die Fragen und Antworten sind natürlich Bestandteil des Wissens, das Ihnen bei der nächsten Prüfung abverlangt wird. Immer wenn Sie die Antworten einer Karteikarte im Gedächtnis haben (achten Sie darauf, daß Sie sich nicht überschätzen und pro Tag zu viele Informationen lernen), dann stecken Sie die Karte in das Fach Nummer 1. Mit der Zeit kommen in dieses Fach immer mehr Karten, nämlich alle diejenigen, die Sie am gleichen Tage noch lernen. Am nächsten Tag wiederholen Sie erst einmal die Karten in Fach Nummer 1, Sie machen also eine Lernkontrolle, denn Fach Nummer 1 wird jeden Tag kontrolliert (montags bis samstags). Alle Karteikarten, deren Fragen Sie richtig beantworten können, wandern nun in das Fach Nummer 2. Dort werden sie nur noch dienstags und donnerstags kontrolliert. Öfter ist es nicht mehr nötig, denn sie sitzen ja bereits gut im Gedächtnis. Die Karteikarten, deren Fragen Sie nicht richtig beantworten können, bleiben vorläufig in Fach Nummer 1, wodurch sie automatisch öfter wiederholt werden.

Nach dieser Kontrolle füllen Sie Fach Nummer 1 wie am Vortage durch Neugelerntes wieder auf. Am nächsten Tag wird Fach Nummer 1 wieder kontrolliert, alles, was Sie diesmal wieder exakt wiedergeben können (Sie prüfen auch das Nichtgewußte vom Vortage), wandert in Fach Nummer 2; der Rest bleibt wieder in Fach Nummer 1.

Das gleiche Verfahren gilt für Fach Nummer 2. Was Sie hier, z. B. bei der Kontrolle am Donnerstag, wissen, wandert in Fach Nummer 3 und wird nur noch jeden Mittwoch kontrolliert. Nichtgewußtes wandert wieder in Fach Nummer 1. Die Kontrolle für Fach Nummer 3 sieht so aus: Gewußtes wandert in Fach Nummer 4, Nichtgewußtes in Fach Nummer 1.
Damit ergibt sich also folgende generelle Regel. Gewußtes wandert einfach weiter und wird damit weniger oft wiederholt (denn es sitzt ja schließlich bereits gut im Gedächtnis), und nicht oder nur ungenau Gewußtes wandert einfach in Fach Nummer 1 zurück und wird automatisch öfter wiederholt, weil es ja auch schlechter im Gedächtnis sitzt. Mit einer solchen Lernkartei vermeiden Sie also, daß Sie zu früh und zu oft unnötig wiederholen (was Ihnen nichts bringt und nur Energie vergeudet) und daß Sie zu spät wiederholen und damit praktisch wieder neu lernen müssen. In unserem Fall hat die Kartei vier Fächer. Sie können auch fünf Fächer nehmen und das fünfte Fach alle zwei Monate kontrollieren, denn die hier vorgestellte Kartei soll nur eine Anregung sein. Natürlich können Sie mit einer solchen Kartei auch Vokabeln lernen.
Würden Sie im oben beschriebenen Fall ohne Kartei lernen, dann würden Sie sich sehr stark verzetteln. So z. B. trauen Sie sich zu viel zu (Mißerfolgserlebnisse), Sie wiederholen zu früh (was nur unnütz Zeit und Mühe kostet) oder zu spät (was fast wieder einem neuen Lernen gleichkommt). Eine solche Lernkartei reduziert Ihre Lernzeit bestimmt auf die Hälfte.
Im übrigen gibt es auch fertige Lernkarteien mit dem Grund- und Aufbauwortschatz in verschiedenen Sprachen und auch mit den wichtigsten grammatischen Regeln zu kaufen. Pro Sprache gibt es drei verschiedene Karteien, die Vokabeln sind nach Häufigkeit ihres Vorkommens per Computer ausgezählt. Wenn Sie mehr darüber erfahren wollen, dann wenden Sie sich bitte an den Autor im »Institut für Creatives Lernen«, Giselbertstraße 5, 5060 Bergisch Gladbach 1. Wir können Ihnen Quellen nennen.

Gedächtnistraining

Hier nun das angekündigte Gedächtnistraining, bei dem Sie Informationen in Bilder und auch manchmal in Emotionen umsetzen.
Sie haben die Aufgabe, sich die folgenden zwei Wortpaare zu merken. Wenn ich Sie frage, was bei dem Wort *Mann* steht, dann müssen Sie wissen: *Maus*. Frage ich umgekehrt, was bei dem Wort *Maus* steht, dann müssen Sie wissen: *Mann*. Sie müssen also dieses Wortpaar in beiden Richtungen abrufen können, so wie Sie es ja auch bei Vokabeln tun.

Mann – Maus
Lampe – Bleistift

Das Schriftbild dieser beiden Wörter ist abstrakt. Der Inhalt aber, der hinter diesen beiden Wörtern steckt, ist anschaulich. Damit haben wir schon eine Möglichkeit, abstrakte Informationen ins Anschauliche zu übersetzen. Bitte stellen Sie sich einmal mit geschlossenen Augen vor, wie ein Mann eine Maus füttert. Hierbei müssen Sie dieses Bild tatsächlich sehen, es genügt nicht, wenn Sie nur daran denken. Wenn Sie nun dieses Bild tatsächlich vor Ihrem geistigen Auge gesehen haben, dann geschieht in Ihrem Gedächtnis folgendes:

Mann – Maus

Denken Sie an das Wort *Mann*, so taucht vor Ihrem geistigen Auge sofort wieder das Bild auf, wie ein Mann eine Maus füttert. Und damit kennen Sie bereits das dazugehörige Wort. Denken Sie umgekehrt an das Wort *Maus*, so passiert das gleiche – nur eben umgekehrt. Bitte probieren Sie dieses Prinzip jetzt an der Kombination Lampe/Bleistift aus. Z. B. können Sie sich vorstellen, wie Sie mit einem Bleistift eine Lampe zeichnen.

Hier jetzt weitere Übungen: Bitte stellen Sie sich in der Übung 1 für jedes Wortpaar ein Bild vor, und machen Sie anschließend die Probe. Dabei decken Sie zuerst die rechte Hälfte der Übung zu und versuchen, sich mit Hilfe Ihrer Bilder an die zugedeckte Seite zu erinnern. Anschließend decken Sie nur die linke Hälfte zu und machen die Probe umgekehrt. Auf diese Art und Weise werden Sie in der Lage sein, sich an die meisten Wörter wieder zu erinnern. Nur eines dürfen Sie nicht machen, nämlich die gesamte Übung zudecken; denn vorläufig brauchen Sie noch entweder das linke oder das rechte Wort als Schlüsselwort (wie auch bei Vokabeln).

Übung 1:

Wortpaare, zehn Wörter

Papier – Suppe
Hase – Sand
Baum – Hose
Mantel – Bürste
Schiff – Schrank

Ich hatte davon gesprochen, daß Sie den Bildern Emotionen entgegenbringen und außerdem Motorik damit verbinden können, wodurch das Gedächtnis noch besser ausgenutzt wird. Dazu die folgenden Beispiele:

1. Sie sehen vor Ihrem geistigen Auge ein Bild. Z.B. Schiff – Schrank: Auf dem Schrank steht ein kleines Schiff (anschauliche Vorstellung).
2. Sie binden sich gefühlsmäßig an Ihr Bild. Z.B. Schiff – Schrank: Sie ärgern sich, weil das Schiff den neuen Schrank verkratzt (emotionale Vorstellung).
3. Ihre eigene Person ist mit in dem Bild. Z.B. Schiff – Schrank: Sie selbst stellen das Schiff auf den Schrank (motorische Vorstellung).

Welche der drei Möglichkeiten Sie nehmen, bleibt Ihnen überlassen. Sie nehmen immer die Art von Bild, die Ihnen am leichtesten fällt.
Bitte üben Sie jetzt das Bilderverknüpfen (assoziieren) an der Übung 2.

Übung 2:

Wortpaare, zwanzig Wörter

Ring	–	Kanne
Geige	–	Sack
Buch	–	Vogel
Auge	–	Wasser
Bleistift	–	Beutel
Reifen	–	Krug
Knochen	–	Heft
Fleisch	–	Flugzeug
Schaf	–	Gitarre
Holz	–	Schere

Hat es geklappt?
Wenn Sie wirklich Bilder gesehen haben, dann funktioniert Ihr Gedächtnis.
Manchmal fehlt allerdings die Idee zu einem Bild, aber das ist alles eine Sache der Übung.
Zum Schluß noch eine Art Generalprobe für Wortpaare mit sechzig Begriffen, an der Sie das Bildervorstellen mit hohem Schwierigkeitsgrad trainieren können! Bitte, machen Sie jetzt die Übung 3.

Generalprobe:

Übung 3:

Wortpaare, sechzig Wörter

Bank	–	Beil	Förster	–	Küste
Handschuh	–	Zwerg	Bürgersteig	–	Geldbörse
Radiergummi	–	Leiter	Tresor	–	Tresor
Esel	–	Rasen	Fenster	–	Schild
Gatter	–	Blume	Polizist	–	Kopf
Zement	–	Eisen	Schuh	–	Gardine
Abendrot	–	Tante	Salz	–	Teilchen
Stoß	–	Badewanne	Tasche	–	Staub
Magen	–	Kaugummi	Kissen	–	Schwimmbecken
Bruder	–	Fahne			
Fußball	–	Messer	Quadrat	–	Flasche

Boot	–	Zeppelin	Eimer	–	Teppich
Teller	–	Flagge	Lampe	–	Wolken-kratzer
Netz	–	Weg			
Spiel	–	Busen	Sturm	–	Strand
Wimpel	–	Tee	Nadel	–	Besen

Hier jetzt noch eine Anwendung aus der Praxis. Ich habe dazu eine sogenannte Reiseroute herausgegriffen.
Wenn Sie eine bestimmte unbekannte Strecke durch eine Stadt oder von einer Stadt zur anderen fahren, dann versuchen Sie sich normalerweise den Weg zu merken, damit Sie ohne Schwierigkeiten wieder zurückfinden. Dabei orientieren Sie sich natürlich nicht an irgendwelchen Bäumen oder Ampeln, sondern an markanten Punkten, z.B. an einer Brücke, einem Rathaus – oder aber zumindest an einem sehr auffälligen Baum bzw. einer Ampel.
Würden Sie diese markanten Punkte als Reihe verknüpfen, hätten Sie bereits den Weg im Gedächtnis. Und das sowohl vorwärts als auch rückwärts. Das kommt Ihnen sehr gelegen, denn Sie wollen ja diese neue Route auch wieder auf dem Rückweg zurückfinden, also rückwärts abrufen.
Aber nicht nur, wenn Sie eine unbekannte Strecke fahren, bauen Sie eine Wortreihe auf, sondern auch dann, wenn Ihnen ein Weg erklärt wird. Achten Sie dabei aber darauf, daß man Ihnen markante Punkte nennt, denn eine Beschreibung wie dritte Straße rechts, vierte Ampel links usw. ist viel zu kompliziert und meistens auch falsch.
In der folgenden Übung stehen 25 markante Punkte einer Reiseroute, die nach Ihrer eigenen Wahl durch die Stadt oder über Land gehen kann. Sie sollen nun die Wörter in einer Bilderkette verknüpfen. Dazu haben Sie verschiedene

Möglichkeiten:

Nehmen wir an, auf Ihrer Route kommen Sie als erstes an einem Rathaus vorbei. Stellen Sie sich bitte vor, wie Sie aus einem Fenster dieses Rathauses herausschauen. Als nächstes führt Sie Ihr Weg über eine Brücke. Stellen Sie sich vor, wie diese Brücke durch das Rathaus hindurchgeht, an dem Sie vorher vorbeikamen. Wieder etwas später müssen Sie über einen Platz. Stellen Sie sich nun vor, wie die vorherige Brücke auf diesen Platz führt. Noch später fahren Sie an einem Denkmal vorbei. Jetzt müssen Sie ein Bild sehen, wie dieses Denkmal auf dem Platz steht, über den Sie vorher fuhren.

Diese Art der Verknüpfung nennt sich Zweierverknüpfung, weil sie immer zwei markante Punkte zusammen in einem Bild unterbringt. Sie können diese Strecke aber auch durch ein fließendes Bild festhalten. Z.B. stellen Sie sich weiter vor: Das Denkmal versperrt Ihnen die Auffahrt, die in die Unterführung hineinführt. Diese geht durch einen langen Berg, am Ende des Berges müssen Sie an einer Bahnschranke halten. Darüber blinkt eine Ampel. Oder Sie sehen das Ganze aus der Vogelperspektive: Unter Ihnen blinkt die Ampel, dahinter erstreckt sich ein schöner Wald, in dessen Mitte ein Fernsehturm herausragt usw.

Sie haben also verschiedene Möglichkeiten, eine solche Strecke assoziativ festzuhalten. Nur eins dürfen Sie nicht tun: nämlich sich vorstellen, wie Sie einfach nur an den einzelnen Punkten vorbeifahren. Wenn Sie das tun, dann sind die einzelnen Punkte nicht verknüpft, denn zur Verknüpfung gehört, daß die einzelnen Punkte, wie Denkmal, Auffahrt, Unterführung, räumlich dicht beieinander stehen. Das ist der Grund, warum das Denkmal *auf* der Auffahrt steht, warum die Auffahrt *in* die Unterführung *hinein*geht usw. Auf Ihrer tatsächlichen Reiseroute liegen Sie ja zwangsläufig weit auseinander.

Bitte verknüpfen Sie jetzt die Übung »Reiseroute« nach Ihren eigenen Vorstellungen, und rufen Sie die einzelnen Punkte aus Ihrem Gedächtnis vor- und rückwärts ab. Meine vorgeschlagenen Bilder können Sie selbstverständlich auch benutzen.

Übung 4:

Reiseroute, 25 markante Punkte vor- und rückwärts abrufen

Rathaus – Brücke – Platz – Denkmal – Auffahrt – Unterführung – Berg – Bahnschranke – Ampel – Wald – Fernsehturm – Flughafen – Baugelände – Rennbahn – Burg – Hochhaus – Polizeihauptwache – Jahrmarkt – Teich – Wiese – Eiche – See – Friedhof – Bahnhof – Kirche

Weitere Anwendungsmöglichkeiten dieses Gedächtnistrainings sind:

a) Für Berufstätige: Einkaufszettel, Bestellisten, Terminabläufe, Inhalte von Telefonaten, Konferenzen, Vorträge, Bücher, Zeitungen und Zeitschriften, Personen und deren Namen, Fremdwörter und Fachbegriffe, Daten und Fakten von Kunden und Firmen und vieles mehr.

b) Für Schüler: Unterricht in der Schule – wie Erdkunde, Geschichte, Biologie, Physik, Rechtschreibung, Vokabeln, Fremdwörter, Geschichtszahlen u. a.

Die Konzentration

Die folgende Konzentrationsübung schult die Augen. Wenn Sie viel mit den Augen arbeiten müssen, wie z. B. lesen oder schreiben, dann kann es oft geschehen, daß die Augen ermüden und damit die Konzentration spürbar nachläßt. Deshalb sollen Sie in der folgenden Übung die Schlangenlinien von den Zahlen aus bis zu den Buchstaben verfolgen, und zwar nur mit den Augen und nicht mit dem Finger oder Bleistift.

Bitte, machen Sie diese Übung immer wieder, d.h. über Wochen jeden Tag zwei- bis dreimal. Mit der Zeit werden Sie dann beim Lesen und Schreiben nicht mehr so schnell in Ihrer Konzentration ermüden.

Die zweite Konzentrationsübung erhöht Ihre geistige Reaktionsgeschwindigkeit und verbessert gleichzeitig Ihre Fähigkeit des rationellen Lesens; d. h., daß Sie durch diese Übung mit der Zeit schneller lesen, ohne daß dabei Ihr Verständnis sinkt.

Gefordert wird von Ihnen, daß Sie die Zahlen in diesem Kasten in der Reihenfolge von 1 bis 34 und dann rückwärts von 34 bis 1 so schnell wie möglich finden. Dabei können Sie auch auf die Zahlen tippen. Im Gedächtnis brauchen Sie dabei nichts zu behalten, es geht nur um Ihre Geschwindigkeit, diese Zahlen, die unsortiert eingezeichnet sind, schnell in gewünschter Reihenfolge zu finden.

Auch diese Übung führen Sie über mehrere Wochen durch, zwei- bis dreimal am Tag.

Die letzte Zahl ist 34.

Zu diesem Kapitel erübrigt sich eine Checkliste!

7. Alpha-Training und Mentales Training

A Überblick

Zwei ähnliche Methoden

Alpha-Training ist eine Methode, die dem *Mentalen Training* sehr ähnlich ist. Während Sie beim *Mentalen Training* vorwiegend in Beta arbeiten, arbeiten Sie, wie der Name schon sagt, beim *Alpha-Training* überwiegend im Alphazustand. Beide Methoden sind etwa gleich gut, d. h., daß zwar das *Mentale Training* keine große Tiefenwirkung hat wie das *Alpha-Training*, dafür aber schneller an jedem Ort und zu jeder Zeit einsetzbar ist.

Ziel und Erfolg

Generell sind beide Methoden sehr gut dazu geeignet, Sie auf kommende Problemsituationen vorzubereiten. Ebenso helfen sie bei der Lebensbewältigung. Der Grundgedanke ist auch hier, daß Sie Probleme in der Phantasie durchspielen, also eine Art geistiges Planspiel vollziehen. Und damit finden Sie in diesem Kapitel keine weltbewegende Methode, sondern etwas, was der Mensch und auch das Tier sowieso schon immer getan haben. Beispielsweise fahren Rennfahrer ihre Strecke vor dem Rennen im Geiste durch, oder z. B. Katzen bereiten sich auf den täglichen Überlebenskampf dadurch vor, daß sie ständig träumen, entweder Mäuse zu fangen oder gegen größere Gegner zu kämpfen.
Das einzige, was in diesem Kapitel neu ist, das ist die Tatsache, daß wir versuchen werden, solche natürlichen Abläufe systematischer zu betreiben, um sie gezielt für Probleme einzusetzen.

Zeitaufwand

Für das Erlernen dieser Methoden benötigen Sie keine Zeit, wenn wir voraussetzen können, daß Sie eine Entspannungsmethode mehr oder weniger gut beherrschen. Sie ist allerdings nur für das *Alpha-Training* nötig. Die Anwendungszeit dieser Methoden für Probleme liegt jeweils zwischen 30 Sekunden und 10 Minuten pro Tag, je nachdem, wie intensiv Sie diese Probleme angehen.

Material

Sie benötigen kein Material, weder für die eine noch für die andere Methode.

Besondere Bemerkungen

Beide Methoden sind für Schüler und Berufstätige geeignet, wobei dem *Mentalen Training* keine Altersgrenze gesetzt ist, weder nach oben noch nach unten. Das *Alpha-Training* kann erst ab ca. dem 15. Lebensjahr praktiziert werden, weil, wie schon bei der Selbstsuggestion erklärt, sonst der Einstieg von Beta nach Alpha nicht genügend gewährleistet ist. Im übrigen ähnelt *Alpha-Training* der Methode Selbstsuggestion. Während allerdings bei der Selbstsuggestion Emotionen durchgespielt werden, sind es bei dem *Alpha-Training* ganze Problemsituationen.

B Theoretischer Hintergrund

Der Geist ersetzt die Realität

Der Name *Mentales Training* ist schnell erklärt. »Mental« kommt von dem lateinischen Wort »mens« (= »Geist«). Damit ist, wie auch schon beschrieben, das *Mentale Training* ein Training im Geiste. Das kann in Beta, in Alpha und auch in REM geschehen, und so nimmt man aufgrund neuester Erkenntnisse in der Traumforschung an, daß auch Träume dazu dienen, in einer Art von Trockentraining auf tägliche Situationen vorzubereiten, so wie es auch Katzen bewiesenermaßen im Traum tun. So z.B. weiß man, daß Tierembryos, die im Mutterleib mehr träumen als Embryos anderer Tierarten, nach der Geburt viel selbständiger sind. Auch Kinder beispielsweise träumen etwa 50 Prozent ihres Schlafes im Unterschied zu Erwachsenen, die nur ca. 25 Prozent Traumanteil haben. Kinder haben ja auch noch viel mehr zu verarbeiten und vorzubereiten.
Aber das, was wir im Traum trainieren, können wir nicht beeinflussen – oder nur sehr schwer.
Leichter dagegen ist es, in Beta und Alpha Problemsituationen darzustellen. Dabei können Probleme in Alpha tiefer und nachhaltiger trainiert und gelöst werden, allerdings müssen Sie in der Lage sein, sich in Alpha

zu versetzen (z. B. durch autogenes Training). Aber auch mit Beta kann man schon einiges erreichen, und hier gibt es keine Vorbedingungen.

Dazu ein überzeugender Versuch:

Die Treffsicherheit (Ball in den Korb) dreier Korbballmannschaften wurde getestet, und alle hatten die gleiche bzw. eine praktisch ähnliche Trefferquote (es wurden absichtlich gleiche Mannschaften zum besseren Vergleich herangezogen!).

Nennen wir die Trefferquoten 100 Prozent. Nun mußte Mannschaft A sechs Wochen lang jeden Tag 1 Stunde das Treffen in den Korb üben. Mannschaft B durfte sechs Wochen lang alles tun, nur nicht üben, und Mannschaft C mußte sich sechs Wochen lang jeden Tag 1 Stunde hinlegen und sich intensiv bildhaft vorstellen, wie sie den Ball in den Korb wirft.

Danach wurden diese drei Mannschaften erneut getestet.

Diesmal sah die Trefferquote, verglichen mit der vorherigen, folgendermaßen aus:

Mannschaft A	110 Prozent
Mannschaft B	95 Prozent
Mannschaft C	107 Prozent

Die Mannschaft, die im Geiste trainiert hatte, hatte sich verbessert, und zwar fast um den gleichen Betrag wie die Mannschaft A, die tatsächlich physisch geübt hatte. Mannschaft B war, wie zu erwarten, durch mangelndes Training etwas zurückgefallen. Solche Versuche können einen dauerhaft überzeugen, daß mit dem *Mentalen Training* eine ganze Menge zu erreichen ist.

C Übungen und Anwendungen in der Praxis

Zwei konkrete Probleme

Nehmen wir einmal zwei grundverschiedene Probleme, bei denen Sie das *Mentale Training* einsetzen können.

a) Generelle Lebensbewältigung: »Immer wenn ich vor Leuten stehen muß, habe ich Hemmungen und Lampenfieber.«
   Dieses Problem taucht oft sowohl bei Schülern als auch bei Berufstätigen auf.
b) Vorbereitung auf eine konkrete Problemsituation:
   Berufstätige: »Ich muß nächste Woche zu einer schwierigen und unangenehmen Besprechung zu meinem Chef.«
   Schüler: »Ich muß nächste Woche zu einer schwierigen und unangenehmen Besprechung zu meinem Schuldirektor.«

Sowohl a als auch b bilden deshalb ein Problem, weil Sie diese Situation kaum in der Realität so oft trainieren können, bis sie kein Problem mehr bilden. Denn das hieße ja, oft genug vor Leuten sprechen, bis Sie es ohne Hemmungen können, und daß die ersten vier, fünf Versuche ruhig scheitern dürfen. Und das hieße auch, mehrere solcher unangenehmen Besprechungen zu haben, so lange, bis Sie mit solchen Situationen fertigwerden.
Deshalb sollen Sie das *Mentale Training* einsetzen, denn es bedeutet für Ihr Problem relativ wenig Aufwand, und oft ist es nur so machbar. Aus diesen Gründen besteht auch ein Großteil der Lebenserfahrung bei Kindern aus *Mentalem Training*.
Allerdings muß man sagen, daß Kinder eine Art Zwitterstellung haben zwischen *Mentalem Training* und realistischem Training, denn das tägliche Spiel verquickt beides in eleganter Form.
Aber auch die Bundeswehr und die Industrie bedienen sich dieses Trainings unter dem Namen »Planspiel«, weil alles andere einfach zu teuer und zu aufwendig ist.

So werden Probleme gelöst

Nehmen wir zuerst das Problem: Lampenfieber und Hemmungen beim Reden vor Leuten.
Hier spielen Sie die gewünschte Situation im Geiste immer und immer wieder durch, d. h., daß Sie sich vorstellen, wie Sie beim Sprechen vor Publikum gerne sein möchten.
Sie stellen sich aber ein konkretes Publikum mit Ihnen bekannten Personen vor, wobei Sie allerdings diese Personen nach einiger Zeit gegen andere austauschen können. Aber Ihnen bekannte Leute müssen es immer bleiben, z. B. Ihre Kollegen oder Klassenkameraden, denn je konkreter die vorgestellte Situation ist, um so leichter tut sich Ihr Gehirn. Dabei stellen Sie sich anhand einer Reihe von Eigenschaften vor, wie Sie gerne in dieser Situation sein möchten. Dies könnte z. B. folgendermaßen ablaufen.

»So sehe ich mich im Geiste beim Sprechen vor Publikum«:

Sicher
Überzeugend
Gute Haltung
Klare Stimme
Klarer Blick
Leute anschauen
Ruhig und betont reden
usw., so wie es Ihrem Idealbild entspricht

Gleichzeitig stellen Sie sich vor, wie Ihr Publikum reagiert:

Zufrieden
Überzeugt
Begeistert
Interessiert
Wohlwollend
usw.

Das Ganze stellen Sie sich bitte zwei- bis fünfmal am Tag ca. 1 Minute lang vor.
Die aufgezählten Punkte werden Sie sicher überfordern, denn es sind zu viele, und sie sollten an dieser Stelle nur als Beispiel dienen. Sie nehmen maximal fünf Punkte, und zwar die, die für Sie die wichtigsten sind. Fünf Punkte können nämlich von Ihrem Gehirn noch gleichzeitig erfaßt werden, ab sechs Positionen muß Ihr Geist bereits unterteilen, z. B. in drei plus drei oder vier plus zwei oder fünf plus eins.
Wenn Sie beispielsweise Ihrer Frau Blumen schenken, dann reagiert deren Unbewußtsein bei fünf Blumen: »Ich habe fünf Blumen bekommen.« Bei sechs Blumen registriert das Unbewußtsein: »Ich habe einen Strauß Blumen geschenkt bekommen.« Denn da sie nicht bewußt nachzählt (so etwas tut man nämlich nicht), kann die exakte Zahl nicht mit einem Blick verarbeitet werden. Hier könnte das Gehirn nur durch Unterteilen richtig registrieren.
Also stellen Sie sich fünf oder weniger Punkte vor, aber niemals mehr Punkte.
Das Vorstellen selbst soll natürlich wieder in Bildern geschehen, und da, wo es geht, auch in Emotionen vor sich gehen. Denn hierdurch erfassen Sie wieder einen möglichst großen Bereich in Ihrer Großhirnrinde, in dem ein guter Teil des Verhaltens, das wir hier trainieren wollen, sitzt.
Sie hören erst dann auf mit Ihrem inneren Bild, wenn Ihr Problem zufriedenstellend erledigt ist. Im übrigen ist es nur gut, wenn Sie spontan hier und da für einige Sekunden Ihr Problem in positiver Form sehen – zusätzlich zu dem gezielten Vorstellen. Auch hier gilt wie bei der Selbstmotivation: Übertreiben Sie ruhig etwas, um so mehr wird sich verändern. Aber niemals ins Irreale oder Lächerliche übertreiben.

Üben Sie selber

Ich möchte Sie nun bitten, ein Sie betreffendes konkretes Problem herauszugreifen und in die folgende Tabelle einzutragen, und zwar je fünf Punkte zu Ihrem eigenen Verhalten und fünf Punkte zum Verhalten der anderen (falls sich das in Ihrer Situation ergibt). Wenn Sie zu Ihrem Problem nur drei oder zwei Punkte finden, dann macht das nichts, um so mehr können Sie sich spezialisieren. Wenn Sie sowohl links (Ich) als

auch rechts (Die anderen) Ihre Punkte eintragen, dann stellen Sie sich mal den linken und mal den rechten Bereich vor, denn Sie wissen ja, mehr als fünf Punkte gleichzeitig sind nicht möglich. Verarbeiten Sie Ihre Punkte dann so, wie schon oben erwähnt, in einer mentalen Weise.
Der Grund, warum Sie nach Wichtigkeit sortieren, ist sehr einfach: Die Erfahrung zeigt, daß immer die Punkte 1 bis 3 den anderen automatisch etwas vorgezogen werden. So bekommen dann wenigstens die wichtigsten den Vorzug.

Problem

Ich	*Die anderen*
1.	1.
2.	2.
3.	3.
4.	4.
5.	5.

Gewünschtes Verhalten
(Nach Wichtigkeit sortieren)

Das zweite Problem, das wir schon angerissen haben, war die unangenehme Besprechung mit dem Chef/Schuldirektor. Hier gehen Sie ebenfalls die konkrete Situation, die in einigen Tagen auf Sie zukommen wird, in positiver Form bildlich und emotional durch.
»Ich bin in der Besprechung: schlagfertig, selbstsicher, überzeugend, vertrauenswürdig« usw.
»Mein Gegenüber ist in der Besprechung: überzeugt, wohlwollend, zufrieden, entgegenkommend« usw.

Da es sich hier nicht um ein generelles Problem handelt, bei dem Sie sich Zeit lassen können, sondern um eine Situation, die in einigen Tagen ansteht, stellen Sie sich hier das Gewünschte fünf- bis zehnmal am Tage je 1 Minute lang vor.
Darüber hinaus jeweils abends vor dem Einschlafen etwa 5 Minuten lang. Schlafen Sie am besten über diese Vorstellung ein, dann wird ein Teil davon auch noch in der ersten REM-Phase verarbeitet und setzt sich um so tiefer.
Umseitig wieder die bekannte Tabelle, in der Sie Ihr eigenes Problem eintragen können.

Wenn Sie bis jetzt schon immer in unbewußter Weise das *Mentale Training* durchgeführt haben, dann werden Sie vielleicht von jetzt ab dieses Training etwas systematischer durchführen. Wenn Sie es nie oder selten so eingesetzt haben, dann wird Ihnen diese Methode bald eine willkommene und spürbare Hilfe sein.

Mentales Training in Alpha = Alpha-Training

Diese Methode ist nun aufgrund des vorher Geschilderten schnell erklärt. Sie legen sich hin oder, wenn nicht möglich, setzen sich bequem. Dann versetzen Sie sich in den schon besprochenen Alphazustand. Sobald Sie ihn erreicht haben, verfahren Sie mit Ihren Bildern und Emotionen in exakt der gleichen Weise, wie schon beim *Mentalen Training* beschrieben wurde.
Abgesehen von den konkreten Zielen, nämlich, daß Sie ganze Situationen meistern und nicht bloß die Motivation verschieben wollen, stellt das *Alpha-Training* aufgrund des gleichen Entspannungszustands die gleiche Methode dar wie Selbstmotivation mit Hilfe der Selbstsuggestion. Und damit gelten auch hier die gleichen Regeln wie bei der Selbstsuggestion, nämlich: Je tiefer Sie in Alpha sind, um so nachhaltiger und schneller wird Ihre Verhaltensänderung auftreten. Wenn Sie darauf achten, können Sie mit *Alpha-Training* kaum noch Schiffbruch erleiden.
Soweit das *Mentale Training* und das *Alpha-Training.*
Auf der folgenden Seite nun wieder die Checkliste, um Ihnen das Arbeiten mit diesen beiden Methoden zu erleichtern.

Problem

Ich	*Der andere*
1.	1.
2.	2.
3.	3.
4.	4.
5.	5.

Gewünschtes Verhalten
(Nach Wichtigkeit sortieren)

Checkliste Alpha-Training und Mentales Training

Bitte wieder die folgenden Punkte beachten:

1. Problem erkennen
2. In Ihrem Raster formulieren (maximal fünf Punkte)
3. In Alpha bzw. Beta öfter vorstellen
4. Ihre Bilder mit Emotionen koppeln
5. Übertreiben ist sinnvoll, solange es nicht unglaubwürdig wird
6. Erst das nächste Problem in Angriff nehmen, wenn das erste gelöst ist
7. Sollte sich ein Problem auf die Dauer nicht lösen lassen, dann gehen Sie zum nächsten über

Gegenüberstellung der Methoden dieses Buches

Methode	*Vorbedingung*	*Altersgruppen*	*Erlernbarkeit*
Lernen im Schlaf	Technische Geräte	Ab 15 Jahre	Sehr leicht
Superlearning	Fähigkeit zu Alpha	Ab 15 Jahre	Leicht
Superschlaf	Keine	Ab 15 Jahre	Sehr leicht
Selbstmotivation	Problemanalyse	Beliebig	Sehr leicht
Selbstsuggestion	Fähigkeit zu Alpha	Ab 15 Jahre	Leicht
Hypnose	Sechs Vortests	Ab 15 Jahre	Leicht
Selbsthypnose	Fähigkeit zu Alpha	Ab 15 Jahre	Mittelleicht
Lerntechniken, Gedächtnis u. Konzentration	Keine	Beliebig	Leicht
Mentales Training	Problemanalyse	Beliebig	Sehr leicht
Alpha-Training	Fähigkeit zu Alpha u. Problemanalyse	Ab 15 Jahre	Leicht

Folgende Bücher sind vom Autor bereits erschienen:

1. Gedächtnis- und Konzentrationstraining (Für Manager und Berufstätige), Econ Verlag, Düsseldorf; Taschenbuchausgabe ht 313.

2. So lernen Schüler leichter (Für 8- bis 15jährige Schüler), Econ Verlag, Düsseldorf

3. Köpfchen, Köpfchen, Gedächtnistraining für Schüler + Co. (Begleitbuch zur gleichnamigen 7teiligen Fernsehreihe; für 8- bis 15jährige), Goldmann Verlag, München

4. Aufmerksamkeitstraining in der Schule (Für 8- bis 15jährige Schüler), Quelle + Meyer, Heidelberg

5. Creatives Lernen (Gedächtnis-, Konzentrationstraining u. Creativitätstraining für Manager und Berufstätige), Econ Verlag, Düsseldorf

6. Mehr lernen und leisten ohne Streß (Ein Streßvorbeugungsprogramm für Manager u. Berufstätige) Lexika-Verlag, Weil der Stadt

7. Gedächtnis, Konzentration, Lernen (Eine Selbstanalyse der eigenen Stärken und Schwächen beim Lernen), System-Checklisten-Verlag über Institut für Creatives Lernen, Günther Beyer, Bergisch Gladbach-Bensberg

Register

F

G

H

humboldt-taschenbücher

Künstlerisches Gestalten

Zeichnen (268)
Malen (381)
Töpfern (384)
Trockenblumen (385)
Glasmalerei (402)
Aquarellmalerei (426)
Porzellan/Keramik bemal. (429)
Ölmalerei (450)
Salzteig modellieren (490)
Schöne Schriften (508)
Seidenmalerei (509)
Modellieren (543)
Schmuck gestalten (568)

Fotografieren/Filmen

Fotolexikon (308)
Filmen – Technik, Motive (330)
Fotokurs für Einsteiger (475)
Spaß mit Fototricks (478)
Pflanzen fotografieren (502)
Blitz- und Kunstlicht (540)
Gute Porträtfotos (558)
Fotolabor (563)
Bessere Urlaubsfotos (583)

Garten

Garten im Jahreslauf (202)
Balkon – Terrasse (350)
Hydrokultur (413)
Gartenteich (448)
Die 100 schönst. Gartenbl. (470)
Freude am Biogarten (474)
Laubbäume+Ziersträucher (527)
Rasen – Wiese – Bodendecker (552)
Mein Gewächshaus (575)

Schach

Schach f. Anfänger (85)
Schach o. Partner f. Anf. (299)
Schachtaktik (363)
Eröffnungsspiele (386)
Schach ohne Partner für Könner (432)
Bauer im Schachspiel (433)
Schachcomputer (465)
Spaß mit Schach (479)

Kartenspiele

Kartenspiele (199)
Skat (248)
Bridge (273)
Patiencen (293)
Schafkopf/Doppelkopf (481)
Kartenspiele – einmal anders (541)
Tarot (546)

Gesellschaftsspiele

Spielen Sie mit (190)
Mit Zahlen spielen (237)
Brettspiele/Denkspiele (282)
Schreibspiele/Streichholzspiele (352)
200 Spiele (401)
Würfelspiele (412)
Zahlenspiele (443)
Domino (522)
Was spielen wir in netter Runde (556)
Humboldt-Zauberbuch (567)

Quiz

Frag mich – ich antworte (23)
Wer weiß es (68)
Frag mich was (79)
Frag noch was (83)
Frag weiter (90)
Kreuzworträtsel-Lexikon (91)
Quiz i. Wort u. Bild (174)
Rätsel, leicht gelöst (263)

Tests

Spaß mit Tests (195)
Teste Deine Intelligenz (225)
Trimm dich geistig fit! (520)
Teste Dein Musikwissen (533)

Sport

Allgemein

Taschenlexikon d. Sports (302)

Fitness/Gymnastik/Yoga/Laufen

Yoga (82)
Gymnastik (228)
Yoga+Gymnastik (333)
Lauf dich fit (382)
Radfahren (421)
Vital durch Gymnastik (495)
Fit durch Bodybuilding (528)

Ballsportarten

Volleyball (436)
Fußball (451)
Das ist Golf (584)

Judo/Karate

Selbstverteidigung (178)
Judo/Karate/Taekwon-Do (372)
Judo für Jugendliche (391)
Judo – mein Freizeitsport (454)
Karate (493)

Sportschießen

Sportschießen (300)

Wassersport/Angeln

Angeln und Fischen (206)
Windsurfen (305)
Kanu (326)
Schwimmen (477)
Surfschein (499)
Segelführerschein A (500)

Skisport

Skilanglauf (241)
Ski-Gymnastik (460)
Ski alpin (488)
Skibuch für Kinder u. Eltern (539)

Tennis/Squash

Tennis-Regeln (253)
Squash (360)
Tennis-Training (374)
Tennis: Schlagtechnik (420)

Reiten

Moderne Reitlehre (205)
Pferde u. Reiten (323)
Pferd f. Freizeit u. Sport (380)
Mit Pferden umgehen (427)
Reiten lernen (444)

Kegeln/Bowling/Billard

Kegeln (243)
Billard (419)
Kegelspiele (487)

Sprachen

Englisch

Englisch in 30 Tagen (11)*
Englisch f. Fortgeschr. (61)
Englisch – Bild f. Bild (296)
Englischer Basis-Wortschatz (574)
Englisch – jetzt in Comics (578)

Französisch

Französisch in 30 Tagen (40)*
Französisch f. Fortgeschr. (109)
Französisch – Bild f. Bild (297)
Französisch – jetzt in Comics (579)

Spanisch

Spanisch in 30 Tagen (57)*
Spanisch – Bild für Bild (345)
Spanisch – jetzt in Comics (581)

Italienisch

Italienisch in 30 Tagen (55)*
Italienisch f. Fortgeschr. (108)
Italienisch – Bild f. Bild (344)
Italienisch – jetzt in Comics (580)

Weitere Sprachen

Russisch in 20 Lekt. (81)
Dänisch in 30 Tagen (124)
Griechisch f. d. Urlaub (373)

Die mit * versehenen Sprachentitel gibt es auch als Buch **mit Übungscassette:** Englisch (800), Französisch (801), Italienisch (802), Spanisch (803).

Moderne Information

Kultur+Kunst

Baustile (351)
Was Kinder fragen (565)

Wirtschaft

Wirtschaftslexikon (24)
Betriebswirtschaft (153)

Philosophie

Wörterbuch d. Philosophie (485)

Geschichte

Staatsbürgerkunde (438)

Technik/Elektronik

Elektrotechnik (163)
Datenverarbeitung (200)
Mikroprozessoren (338)

Aktuelle Information

Weltatlas (227)
Astrologie (284)
Fremdwörterlexikon (446)
Handlesen (483)
Vornamenbuch (210/505)
Mein praktischer Geburtstagskalender (530)
Sternzeichen (547)
Horoskopberechnung (561)
Musiklexikon (566)

Psychologie

Psychoanalyse (168)
Psychologie (238)
Psi – Rätselhafte Kräfte (244)
Erkenne dich (283)
Wörterbuch der Psychologie (416)

Medizin

Taschenlexikon Medizin (462)